Augustus
Meine Taten

Augustusstatue von Primaporta

AUGUSTUS

MEINE TATEN
RES GESTAE

Zweisprachige Ausgabe

Herausgegeben,
übersetzt und kommentiert von
Erich Ackermann

Anaconda

Die Deutsche Nationalbibliothek verzeichnet diese Publikation in der Deutschen Nationalbibliografie; detaillierte bibliografische Daten sind im Internet unter http://dnb.d-nb.de abrufbar.

Umschlagmotive: Giovanni Battista Tiepolo (1696–1770), »Maecenas Presenting the Liberal Arts to the Emperor Augustus« (ca. 1745), State Hermitage Museum, St. Petersburg/Bridgeman Images. – Hand painted watercolor sky and clouds, shutterstock.com / Magenta10
Umschlaggestaltung: büropecher, Köln
Satz und Layout: Roland Poferl Print-Design, Köln
Printed in Czech Republic 2017
ISBN 978-3-7306-0520-2
www.anacondaverlag.de
info@anacondaverlag.de

INHALT

EINFÜHRUNG

Entstehung und Wiederentdeckung der *Res Gestae*

»Sein Testament, welches er ein Jahr und vier Monate vor seinem Tode am dritten April unter dem Konsulat des Lucius Plancus und Gaius Silius gemacht und in zwei Abteilungen, teils eigenhändig, teils durch die Hand der Freigelassenen Polybius und Hilarion, geschrieben hatte, brachten die Vestalischen Jungfrauen, bei denen es niedergelegt war, nebst noch drei anderen in gleicher Weise versiegelten Schriftrollen zum Vorschein. Alle diese Schriftstücke wurden im Senat geöffnet und vorgelesen. Als erste Erben setzte er den Tiberius mit der Hälfte und einem Sechstel und die Livia mit einem Drittel ein, welche beide zugleich seinen Namen führen sollten, als zweiten Erben den Drusus, des Tiberius' Sohn, mit einem Drittel; mit den übrigen Teilen bedachte er den Germanicus und dessen drei Kinder männlichen Geschlechts, als Erben dritten Grades seine Verwandten und zahlreiche Freunde ... Von den drei erwähnten Schriftstücken enthielt das eine Anordnungen über seine Bestattung, das zweite ein Verzeichnis seiner Taten, welches in Erz gegraben und vor dem Mausoleum aufgestellt werden sollte, das dritte eine statistische Übersicht des Reiches, die Stärke der in den verschiedenen Provinzen befindlichen Truppenteile, die Summe des im Staatsschatz in den Kassen und an Zollausständen vorhandenen Geldes. Zugleich hatte er die Namen der Freigelassenen und Sklaven beigefügt, welche darüber Rechenschaft abzugeben hätten.« (Sueton, *Aug. 101*)

Mit diesem letzten Willen hatte Augustus den Senat angewiesen, den Text seiner Taten *(index rerum a se gestarum)* in Bronze gegossen vor seinem Mausoleum aufzustellen. So geschah es denn auch: Die Bronzetafeln wurden an Säulen rechts und links seiner letzten Ruhestätte angebracht, und an den Wänden vieler Tempel des ganzen Imperiums befand sich eine getreue Kopie davon; im Osten des Reiches gab es diese Abschrift in Latein und ebenso in Griechisch, weil dies dort die überall verstandene Umgangssprache *(koinè)* war.

Das Mausoleum, benannt nach dem prachtvollen Grabmal des Königs *Mausolos von Halikarnassos* an der kleinasiatischen Ägäisküste, einem der sieben antiken Weltwunder, hatte Augustus schon 29 v. Chr. für sich selbst und seine Familie auf dem Marsfeld als Grabstätte errichten lassen; als Vorbild diente ihm u. a. die Grabstätte Alexanders des Großen in Alexandria, die er selbst besichtigt hatte. Im Mausoleum wurden der Kaiser sowie einige seiner Nachfolger und weitere Angehörige der julisch-claudischen Familie beigesetzt, z. B. Marcellus, Agrippa, Octavia, Drusus und seine beiden Lieblingsenkel Lucius und Gaius Caesar. Im Laufe der Zeit gingen die metallene Statue vom Gipfel des Grabmals ebenso wie die zwei Bronzetafeln mit dem Rechenschaftsbericht des Kaisers verloren, wahrscheinlich während der Plünderung Roms durch den König der Westgoten Alarich im Jahre 410 n. Chr. Im Zuge der Zweitausendjahrfeier von Augustus' Geburtstag 1938 wurde das Mausoleum wieder ausgegraben und freigelegt.

Dank der Kopien in den Ostprovinzen des Imperiums ist der verloren geglaubte Tatenbericht jedoch fast gänzlich zu rekonstruieren. Am vollkommensten erhalten ist der Text, der am *Tempel der Roma und des Augustus* in Ankara gefunden wurde; nach der Stadt des Fundes wird er *Monumentum Ancyranum* genannt. 1555 entdeckte der Gesandte des deutschen Kaisers, ein begeisterter flämischer Humanist namens Ogier Ghislain de Busbecq, an diesem Tempel, der in eine Moschee umgewandelt war, den nahezu vollständigen Text, der an den Wänden in Marmorquadern eingeschrieben war: in Latein und in Griechisch. Ergänzt wurde dieser Sensationsfund durch weitere Bruchstücke in Griechisch, die 1821 und 1930 in *Apollonia* entdeckt wurden, einer Stadt in Pisidien im westlichen Taurusgebirge, und solche in Latein aus der ebenfalls in Pisidien gelegenen Stadt *Antiochia* (1914 und 1924). Diese Texte erlauben es, das verloren gegangene Original fast vollständig zu rekonstruieren. Der deutsche Philologe und Literaturnobelpreisträger Theodor Mommsen, der das *Corpus Inscriptionum Latinarum (CIL)* leitete, begeisterte sich für den Text, den er die »Königin der antiken Inschriften« nannte, und erstellte 1883 eine kritische Ausgabe in Latein und Griechisch, die noch heute als maßgeblich gilt.

Der lateinische Text des *Monumentum Ancyranum* wurde im Zuge der Zweitausendjahrfeier des Geburtstags von Augustus 1938 in die Travertinwand des für diese Gelegenheit eigens errichteten Pavillons der *Ara Pacis* eingemeißelt und ist an der einzigen noch erhaltenen alten Außenwand, die 2006 in ein neu eröffnetes Museum integriert wurde, auch heute noch zu sehen.

Stil und literarische Vorläufer

Will man die *Res Gestae* literarisch einordnen, so fallen sie in den Bereich der Grabinschriften, die die Taten, Ehrentitel und sonstigen Leistungen des Verstorbenen hervorheben; der Rechenschaftsbericht des Augustus ist allerdings ungleich länger und ausführlicher als alle anderen erhaltenen Beispiele. In seinem Sprachstil aber ähnelt er ihnen: Es kommen vornehmlich Hauptsätze vor (parataktischer Stil), die kurz und sachlich die Leistungen hervorheben, bisweilen nur aneinanderreihend und aufzählend, ohne in irgendein Pathos oder in blumige Rhetorik zu verfallen. Nur einmal blitzt so etwas wie das Gefühl von Trauer auf, wenn der Großvater in Kap. 14 den Tod seiner leiblichen Enkel erwähnt, »die mir das Schicksal entrissen hat, als sie noch junge Männer waren«.

Sowohl der lateinische Text als auch der griechische, der die überall verständliche hellenistische Umgangssprache *koinè* benutzt, ist für den sogenannten einfachen Mann verständlich. Sueton schreibt in seiner Biografie des Augustus *(Aug. 86)*: »Im sprachlichen Ausdruck strebte er nach geschmackvoller Wahl der Worte und Einfachheit der Diktion und vermied alle gekünstelten Pointen und, wie er sich einmal ausdrückt, den Modergeruch veralteter Wortformen. Überhaupt verwandte er die höchste Sorgfalt darauf, den Gedanken möglichst klar auszudrücken, um den Leser und Hörer nirgends zu verwirren und aufzuhalten.«

Dieser Klarheit der Sprache entspricht gleichfalls der Aufbau der *Res Gestae*. Der Text ist klar und übersichtlich strukturiert und vermeidet jede Verschachtelung der Gedanken innerhalb des Textes: So wird er sowohl dem Leser als auch dem Hörer gerecht, denn Hörer wird es bei dem in der Antike übergroßen Analphabetismus mehr gegeben haben als Menschen, die des Lesens mächtig waren.

Die beiden Anfangskapitel 1 und 2 und die Schlusskapitel 34 und 35 bilden den Rahmen, was durch die Altersangaben (19 und 76 Jahre) unterstrichen wird. Zu Anfang beschreibt Augustus seinen Aufstieg zur Macht, also die Jahre

44 v. Chr. bis zum Sieg über Antonius und Kleopatra 31 v. Chr., zum Ende resümiert er sein Leben und beginnt dabei mit dessen Höhepunkt am 13. Jan. 27 v. Chr., an dem er seine außerordentliche Amtsgewalt wieder in die Hände von Senat und Volk legte. Am Anfang war er Octavian, ein rücksichtsloser und machtbesessener Aristokrat, und wird dann, wohl auch menschlich gereift und geläutert, zum Princeps Augustus, die erhabene und fast verklärte Gestalt des ersten römischen Kaisers. Von diesen beiden durchaus verschiedenen Persönlichkeiten ist die des weisen und gütigen Herrschers seit der Christianisierung des *Imperium Romanum* vorherrschend, vor allem, weil Jesus in der augusteischen Zeit geboren wurde und diese Zeit der *Pax Augusta* mit dem christlichen Friedensbild gleichgesetzt wurde. Augustus wurde ein Vor- und Idealbild für die mittelalterlichen römisch-deutschen Kaiser, deren Titulatur nach der Krönung sogar um den Zusatz *semper Augustus* ergänzt wurde.

Nachdem Augustus seine militärischen Erfolge und Triumphzüge Revue hat passieren lassen (Kap. 3-4), folgen im Hauptteil (Kap. 5–14) die Ehrungen und Ämter, die ihm zuteilwurden, dann die Ausgaben (Kap. 15-24), die er für die Bevölkerung meist aus eigenen Mittel getätigt hatte (öffentliche Bauten, Spiele, Spenden an Geld und Lebensmitteln) und schließlich im dritten Teil (Kap. 25–33) die eigentlichen *Res Gestae*: die Taten. Er beginnt zunächst mit den innenpolitischen Kriegen gegen Sextus Pompeius und Antonius und geht dann zur Außenpolitik über, wobei er den Schwerpunkt auf die erfolgreiche Erweiterung des römischen Reiches durch Eroberungszüge im ganzen Erdkreis legt, gefolgt von einer Aufzählung seiner diplomatischen Erfolge. Ganz am Schluss seines Tatenberichts erfährt der Leser durch die Altersangabe auch die Zeit der Entstehung des Textes: Die Schrift wurde in seinem 76. Lebensjahr verfasst bzw. in der Endfassung fertiggestellt, also kurz vor seinem Tod im Jahre 14 n. Chr.

Literarische Vorbilder hat es sowohl im alten Orient und im Hellenismus als auch im alten Rom gegeben. Die ägyptischen Herrscher Ramses III. und Thutmosis III. ließen sich posthum in langen Inschriften verherrlichen. Vor allem die Inschrift des persischen Großkönigs *Dareios I.* in drei Sprachen (Altpersisch, Elamisch und Babylonisch), die nach ihrem Fundort im Westiran die *Behistun-Inschrift* genannt wird, ist mit der augusteischen vergleichbar, denn in ihr beschreibt der Großkönig in Ich-Form seinen Aufstieg zur Macht und will seine durch Usurpation erlangte Herrschaft rechtfertigen. Die Behistun-Inschrift wurde 2006 sogar in die Liste des UNESCO-Welterbes aufgenommen. Auch die Inschrift des hellenistischen Herrschers *Antiochos I. von Kommagene* in Kleinasien könnte einen gewissen Einfluss auf Augustus' Tatenbericht gehabt haben. Antiochos I., fast ein Zeitgenosse von Augustus, herrschte von 69 bis etwa 36 v. Chr. und musste sein Reich Kommagene gegen Rom verteidigen, bis dieses doch ein Vasallenreich des Imperiums wurde. In dieser Inschrift von 40–29 v. Chr. preist der Monarch, der sich für einen Gott hält, seine wohltätigen Werke für alle Ewigkeit und beansprucht für sich göttliche Ehren.

In zwei langen griechischen Inschriften erklärt Antiochos, wie er zu Lebzeiten und nach seinem Tod verehrt werden möchte. Seine Abstammung führt er väterlicherseits auf die Großkönige Dareios I. und Xerxes I. und mütterlicherseits auf die Seleukiden mit Alexander dem Großen als Ahnherren zurück. Sein Grabmal auf dem Gipfel des Berges *Nemrut Dağı* im Südosten der Türkei wurde 1987 ebenfalls zum UNESCO-Welterbe erklärt.

Im Unterschied zum göttlichen Antiochos wollte Augustus allerdings zu Lebzeiten noch nicht als *Divus Augustus* bezeichnet werden, obgleich er nichts dagegen hatte, wenn er im Osten des Reiches schon als solcher angesehen wurde, wie es z. B. der Tempel der Stadtgöttin Roma und des Augustus in Ancyra (Ankara), dem Fundort der *Res Gestae* in der römischen Provinz Galatien, beweist.

In Rom können die *Elogien* als Vorläufer von Augustus' Tatenbericht bezeichnet werden. Ein *Elogium*, auf Grabmalen oder Statuen angebracht, war eine Ehreninschrift für Verstorbene, die deren Herkunft, Titel und Taten für die *patria* verherrlichte. Eine solche Inschrift enthielt auch Merkmale einer *laudatio funebris,* einer Leichenrede. Nach dem Schriftsteller, Gelehrten und Offizier *Plinius dem Älteren* (23–79 n. Chr.), der in der Nähe von Pompeji beim berühmten Ausbruch des Vesuvs ums Leben gekommen war, sollen die Elogien auf den Statuen des *Mars-Ultor-Tempels* auf dem Forum des Augustus sogar vom Herrscher selbst verfasst worden sein (*Naturalis historia* 22, 6, 13).

Die berühmtesten dieser Elogien waren wohl die *Scipionen-Inschriften*, die neun erhaltenen Sarkophag-Inschriften des sogenannten Scipionengrabes, der Begräbnisstätte der Cornelii Scipiones seit etwa Mitte des 3. Jh. bis zum Ende des 2. Jh. 29 v. Chr. Das in den Tuff gegrabene alte Grab befindet sich in der Nähe der Porta San Sebastiano, dem Tor der Via Appia. Die auf den Sarkophagen angebrachten Inschriften aus der Zeit der Republik geben einen Einblick in die Verhältnisse der römischen Aristokratie und erwähnen die *virtus* (wörtlich: »Mannhaftigkeit«, Tugend, Tüchtigkeit, Tapferkeit), die *res gestae* (politische und militärische Leistungen) und die *honores* (Ehrungen, Ehrenämter im *cursus honorum*). Als Beispiel möge eine altlateinische Inschrift auf dem am besten erhaltenen Sarkophag dienen, dem des *Lucius Cornelius Scipio Barbatus*, 298 v. Chr. römischer Konsul:

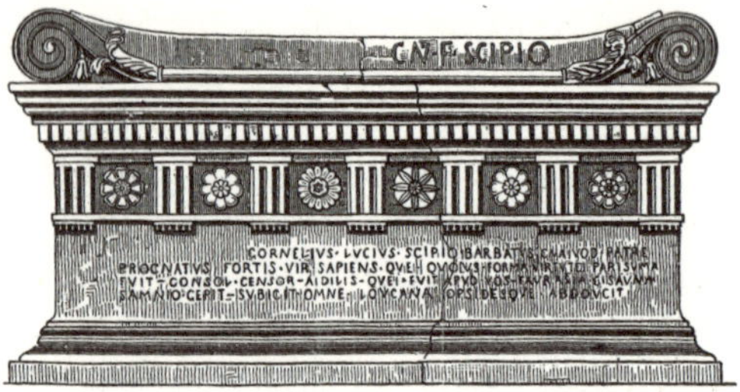

CORNELIVS·LVCIVS·SCIPIO·BARBATVS·
GNAIVOD·PATRE PROGNATVS·
FORTIS·VIR· SAPIENSQVE
– QVOIVS·FORMA·VIRTVTEI·PARISVMA FVIT –
CONSOL CENSOR·AIDILIS·QVEI·FVIT·APVD·VOS
–TAVRASIA·CISAVNA SAMNIO·CEPIT – SVBI-
GIT·OMNE·LOVCANA
OPSIDESQVE·ABDOVCIT

Cornelius Lucius Scipio Barbatus,
Sohn seines Vaters Gnaeus,
ein tapferer und weiser Mann,
dessen schöne Gestalt seiner Tugend ganz und gar gleich kam,
Konsul, Censor und Aedil war er bei euch,
Taurasia und Cisauna in Samnium nahm er ein
und unterwarf ganz Lukanien
und Geiseln führte er hinweg.
(Corpus Inscriptionum Latinarum VI, 1284)

Die vorliegende Ausgabe der *Res Gestae* des Augustus bringt den Originaltext nur in Latein, nicht in Griechisch, und basiert auf den Ausgaben von Theodor Mommsen (1883), Hermann Diehl (1925), Hans Volkmann (1957) und der englischsprachigen Website *Latin Library*.

Augustus, ein Mensch zwischen zwei Zeiten

»Nachdem ich die Flammen des Bürgerkrieges gelöscht und mit der Zustimmung aller alle Macht im Staat in Händen gehalten hatte, habe ich in meinem sechsten und siebten Konsulat die Leitung der Republik aus meiner Amtsgewalt wieder in die freie Entscheidung des Senats und des römischen Volkes zurückübertragen.« Dieser stolze Satz am Ende seines selbstbewussten Tatenberichts umfasst das ganze Lebenswerk des ersten römischen Kaisers: die Bürgerkriege, die ihn geprägt haben, der Griff nach der Allmacht im Staat, den er der Nachwelt gern als demokratisch legitimiert *(per consensum omnium)* erscheinen lassen will, und schließlich nach Beendigung der Bürgerkriege die freiwillige Abgabe seiner geradezu diktatorischen Vollmachten an Senat und Volk und dazu der von ihm gebrachte Friede.

Krise und Untergang der römischen Republik

Über 600 Jahre hat es gedauert, bis Rom seit seiner sagenhaften Gründung von einem kleinen Dorf zur Weltmacht aufgestiegen ist. Die Gründe hierfür sind vielfältig und liegen im Wesen dieses ursprünglichen Bauernvolkes. Es ist zum einen die Konzentration auf das Handeln für die *res publica*, das sich in einem ganzen Kanon von Werten niedergeschlagen hat. Der Römer hat ein handfestes Verhältnis zu den konkreten Gegebenheiten der Welt, hat Sinn für alles Bewährte, für Tradition und deren Kontinuität, daher der dauernde Bezug zu den *mores maiorum*, den Sitten der Vorfahren, als Beispiel und Norm allen Handelns; auch kann er sich an gewandelte Lagen anpassen, wobei er die fremden Institutionen einfach übernimmt. Hinzu kommt die Ablehnung von Politik, die sich nach Theorien richtet. Selbstsicherheit und Glaube an sich selbst und seine auch militärische Überlegenheit haben zu einem Sendungsbewusstsein geführt, das sich selbst als gottgewollte Ordnung in der Welt ansieht. Das negative Pendant zu den klassischen römischen Tugenden *(virtutes)* ist der vitale Machttrieb des römischen Volkes, das moralische Reflexionen kaum kennt.

Seit Rom aber 146 v. Chr. durch die Eroberung von Karthago und Korinth keine ernst zu nehmenden Feinde mehr hat und das Mittelmeer als *mare nostrum*, als unser Meer, bezeichnen kann, ist es zur alleinigen Weltmacht aufgestiegen. Nun strömen aus allen eroberten Ländern Reichtum und Luxus in die Stadt, die wohlhabenden Schichten genießen einen Lebensstil, den das schlichte Bauernvolk bislang nicht erfahren hatte. Allmählich kommt es zu folgenschweren Veränderungen in der Lebensauffassung vor allem der führenden Schicht, die nicht ohne Auswirkungen auf das Staatsgefüge bleiben konnte.

Solange man auf dem Boden Italiens kämpfte, war der Staat eine gemeinsame Sache, eine *res publica* im eigentlichen Sinne, führte doch ein verlorener Krieg möglicherweise zum Existenzverlust und ein gewonnener zur Mehrung des Besitzes für die kommenden Generationen. Seit aber der Krieg außerhalb Italiens geführt wurde, ging die Gemeinsamkeit der Sache verloren, und vor allem die Kreise der römischen Nobilität und des Ritterstandes konnten dem ungeheuren Zustrom von Macht und Reichtum nicht mehr widerstehen. Diese Macht und dieser Reichtum dienten ab jetzt nicht mehr der Allgemeinheit, sondern gingen in die Hände weniger Einzelner über.

Hinzu kam das immer stärkere Eindringen griechischen Gedankenguts in die gebildete Oberschicht Roms. Das Imperium hatte zwar die Eigenständigkeit Griechenlands zerschlagen, doch dessen kulturelle Tradition hatte den politischen Zusammenbruch überstanden, und der hellenistische Gedanke von der Eigenständigkeit des Individuums griff vor allem seit dem 1. Jh. v. Chr. um sich und stand in starkem Gegensatz zum kollektiv und praktisch denkenden Geist des alten Römertums, der Familie und Staat über alles stellte. Diesen geistigen Sieg Griechenlands über seinen Eroberer Rom formulierte der römische Dichter *Horaz* in einer seiner Episteln (2, 1, 156 f.) als Paradox:

Graecia capta ferum victorem cepit et artes intulit agresti Latio.
»Das eroberte Griechenland hat den wilden Sieger erobert und dem bäuerlichen Latium Künste und Kultur gebracht.«

Durch die Entstehung von senatorischem Großgrundbesitz, den *Latifundien*, war der römische Bauern- und Mittelstand in seiner Existenz bedroht und viele Bauern verloren ihren Besitz. Sie gingen nach Rom, sanken ins Proletariat ab und bildeten dort neben dem Zustrom weiterer existenzloser Menschen aus der Provinz, oft Abenteurer und heruntergekommene Desperados aus den übrigen Städten Italiens, eine wachsende mittellose Klasse. Die Kluft zwischen Arm und Reich vertiefte sich, und das städtische Proletariat begann sich zu einem hemmungslosen Großstadtpöbel zu entwickeln.

Die Krise spitzte sich zu, als sich die Anhänger der Senatspartei *(Optimaten)* und der Volkspartei *(Popularen)* gegenübertraten. Ehrgeizige Politiker, die die Rolle des mittellosen Volkes erkannten, benutzten die Volkspartei der Popularen als Sprungbrett zur Macht, auch wenn sie wie Caesar aus den Reihen der alten patrizischen Nobilität stammten.

Seit dem Wirken der Brüder *Tiberius* und *Gaius Gracchus* (um 133 v. Chr.), die durch eine Land- und Sozialreform den römischen Bauernstand wiederherstellen wollten, kam es immer wieder zu Wirren, die nach dem Kampf zwischen dem Popularen *Marius* und dem Optimaten *Sulla* zum offenen Bürgerkrieg zwischen *Caesar* und *Pompeius*, dann zu *Caesars* Alleinherrschaft und nach dessen Tod schließlich zur Herrschaft *Octavians*, des späteren Kaisers Augustus, führten, die man eine *Monokratie** nennen kann. Octavians Sieg über seinen Gegner *Marcus Antonius* in der Seeschlacht bei Actium (31 v. Chr.) setzte diesem Bürgerkrieg, aber auch der freien Republik ein Ende. Eine Errungenschaft des Prinzipats war es, wie Ronald Syme** in seinem bahnbrechenden Werk »The Roman

* Der Verfassungsrechtler und Politologe Karl Loewenstein nennt sie eine *konstitutionelle Monokratie* (in: Zeitschrift für Politik, Jahrgang 8, Heft 3, 1961).

** Ronald Syme, *The Roman Revolution*, Oxford 1939. Für Syme war Augustus ein Machtmensch, der die alte Republik mit Kalkül zerstörte, um unter der republikanischen Fassade eine Alleinherrschaft zu begründen, wobei Syme gewollt Parallelen zu zeitgenössischen totalitären System aufkommen lässt: dem Faschismus in Italien, Deutschland und Spanien und der kommunistischen Diktatur unter Stalin, alles Systeme, in denen die Bevölkerung eine vermeintliche Sicherheit in einem starken Staat suchte, der dann aber bald die bürgerlichen Freiheiten Stück für Stück beseitigte und sich in eine Diktatur verwandelte. Als Syme sein Werk schrieb, beging das faschistische Italien gerade mit großem Pomp die Zweitausendjahrfeier von Augustus' Geburt, der als Retter des Abendlandes zelebriert wurde.

Der jugendliche Octavian

Revolution« schreibt, dass Augustus den Bürgerkrieg gebändigt hatte, indem er den Einfluss des Adels zurückdrängte und diesen daran hinderte, sich weiterhin private Armeen zu halten; durch den Sieg über Antonius hat er den beginnenden Konflikt zwischen dem Westen und Osten des römischen Reiches noch einmal gezähmt und dafür gesorgt, dass dieser Antagonismus das Imperium erst Jahrhunderte später zerfallen ließ. Zudem drängte die Ausbreitung des römischen Rechtssystems über die Provinzen vor allem den orientalischen Despotismus zurück. Doch das überdeckte nur oberflächlich das neue Machtsystem, das der Princeps als Totengräber der Republik bedenkenlos errichtete, in dem die neu formierte Elite jetzt nicht weniger ungehindert agieren konnte als in den Zeiten der alten res publica libera.

Leben und Taten im zeitlichen Überblick

63–44 v. Chr.

Der spätere Kaiser Augustus wird am 23. Sept. 63 v. Chr. als Gaius Octavius in Rom geboren. Sein gleichnamiger Vater, aus einer plebejischen Familie stammend, ist Senator und Praetor und stirbt, als Octavian vier Jahre alt ist; seine Mutter Atia ist eine Tochter von Gaius Iulius Caesars Schwester Iulia; somit ist Octavian ein Großneffe Caesars. Da dieser keinen anerkannten Sohn hat, kümmert er sich um seinen Großneffen, fördert ihn und nimmt ihn mit auf seinen Kriegszug gegen die Söhne des Pompeius nach Spanien. Auch sollte der junge Mann später als Reiterführer am geplanten Feldzug Caesars gegen die Parther teilnehmen; aus diesem Grund wird er nach Apollonia im heutigen Albanien vorausgeschickt, wo er im Frühjahr 44 v. Chr. von Caesars Ermordung (15. März, Iden des März) Kunde erhält. Auf seiner Rückreise nach Rom erfährt er, dass Caesar ihn adoptiert und als sein Haupterbe eingesetzt hat, ohne ihm davon Mitteilung gemacht zu haben. Octavian nimmt Caesars Testament und offiziell auch dessen Namen an, führt den bei Adoptionen üblichen Beinamen, in seinem Fall *Octavianus*, selbst aber nicht, während andere ihn durchaus so nennen. In Rom muss er sich mit *Marcus Antonius*, einem ehemaligen Mitstreiter Caesars, auseinandersetzen, der wie Octavian auf dessen Nachfolge erpicht ist und ihm das Testament streitig macht, und auch mit *Marcus Aemilius Lepidus*, der seit Caesars Tod das Amt des Oberpriesters *(pontifex maximus)* innehat. Erst nach diesen Ereignissen setzen Augustus' *Res Gestae* ein, wie sie im *Monumentum Ancyranum* überliefert sind: »Annos undeviginti natus ... – Im Alter von neunzehn Jahren habe ich ...« Octavian stellt selbständig, eigenmächtig und auf eigene Kosten ein Heer auf und bietet es dem Senat zur Hilfe an.

43 v. Chr.

Der Senat unter der Führung von Cicero erkennt, dass dieses Angebot die republikanische Position stärken würde. Octavian bekommt die ihm bis dahin fehlende Legitimation: Im Alter von 19 Jahren wird er in den Senat aufgenommen, erhält am 1. Jan. 43 v. Chr. die Vollmachten eines *Propraetors* und hat nun offiziell die militärische Befehlsgewalt *(propraetorisches Imperium)*.

Am 21. April besiegt ein Senatsheer unter den Konsuln *Hirtius* und *Pansa* zusammen mit Octavian in der Schlacht bei *Mutina* (Modena) die Truppen des Antonius; beide Konsuln überleben die Kämpfe nicht. Da der Senat Octavian auf dessen Verlangen nun aber den weiteren Oberbefehl und das verwaiste Konsulat verweigert, marschiert dieser mit seinem Heer nach Rom und erzwingt sich mit Waffengewalt Konsulat und militärisches Imperium.

Doch bald schon wechselt Octavian aus Machtkalkül die Seiten: Im November kommt es zu einem zunächst auf fünf Jahre angelegten politischen Zweckbündnis zwischen Octavian, Antonius und Lepidus, wobei letzterer dabei nur eine geringe Rolle spielt. Der Senat räumt diesem *Triumvirat* umfassende Vollmachten zur Wiederherstellung des Staates ein *(tresviri rei publicae constituendae)*. Im Grunde handelt es sich jedoch um ein reines Ermächtigungsgesetz. Es kommt zu *Proskriptionen*, wobei sich die drei skrupellos ihrer politischen Gegner entledigen.

42 v. Chr.

Die Caesarmörder *Brutus* und *Cassius* haben sich unterdessen mit ihren Heeren in den Osten des römischen Reiches abgesetzt.

Antonius und Octavian ziehen daraufhin mit ihren Truppen nach Griechenland, wo Marcus Iunius Brutus und Gaius Cassius Longinus bereits ihre Streitkräfte zum Kampf gesammelt haben. Bei *Philippi* an der makedonischen Ostküste kommt es zu zwei Schlachten: in der ersten am 3. Okt. 42 v. Chr. kann Brutus die Truppen Octavians besiegen, Cassius unterliegt jedoch Marcus Antonius. Da Cassius nicht vom Sieg seines Mitstreiters Brutus erfährt, lässt er sich von einem freigelassenen Sklaven töten. Brutus wird am 23. Okt. in der zweiten Schlacht bei Philippi besiegt, woraufhin er zunächst flieht, dann aber ebenfalls den Freitod wählt. Damit ist die letzte Möglichkeit, die alte Republik wieder herzustellen, zunichte. Octavian hatte allerdings an diesem Sieg kein wirkliches Zutun.

Der Rest der Truppen der beiden Caesarmörder löst sich auf. Ein Teil läuft zu Antonius über, ein anderer geht zu Sextus Pompeius nach Sizilien.

41–40 v. Chr.

Perusinischer Krieg: Nach der Schlacht von Philippi wird das siegreiche Heer teilweise demobilisiert. Hunderttausend Veteranen müssen versorgt werden. Aus diesem Grund enteignet Octavian 41/40 v. Chr. über 18 Städte und zahlreiche Senatoren in Italien und verteilt das Land an die Kriegsveteranen. Diese Landverteilung ist der Anlass zum Ausbruch des *Perusinischen Krieges* gegen *Lucius Antonius*, den Bruder des Triumvirn Marcus Antonius. Dieser Krieg, den Octavian schließlich für sich entscheiden kann, ging wegen seiner besonderen Grausamkeit in die Geschichte ein. Nach der Eroberung von *Perusia* (Perugia) lässt Octavian über 300 Senatoren und Ritter, die sich dort verschanzt hatten, hinrichten, und als die Vertreter der Stadt um Gnade flehen, soll er ihnen zynisch geantwortet haben: »Moriendum est« (Es muss gestorben werden).

Im *Vertrag von Brundisium* (40 v. Chr.) kommt es zu einer vorläufigen Einigung der Triumvirn. Die Eheschließung zwischen Antonius und Octavians Schwester Octavia soll das Bündnis bekräftigen. Es wird eine Amnestie beschlossen und eine neue Einteilung der Interessensphären: Der Westen soll Octavian gehören, der Osten fällt Marcus Antonius zu und Lepidus soll Afrika behalten. Italien steht als neutraler Ort allen drei zur Verfügung.

38–36 v. Chr.

Sizilischer Krieg, den Augustus in seinen *Res Gestae* den *Sklavenkrieg* nennt: *Sextus Pompeius*, der Sohn des großen Caesargegners Pompeius Magnus, fühlt sich durch den Vertrag von Brundisium benachteiligt und hindert mit seiner Flotte die Getreideschiffe aus Sizilien und Afrika daran, nach Italien zu gelangen, woraufhin dort eine Hungersnot ausbricht; unterstützt wird er von 30 000 entlaufenen Sklaven. Octavian zieht gegen ihn in den Krieg, obwohl die Triumvirn sich mit Sextus Pompeius geeinigt und ihm im *Vertrag von Misenum* (39 v. Chr.) große Zugeständnisse gemacht hatten. In den Seeschlachten von *Mylae* und *Naulochos* vor der Nordküste Siziliens (36 v. Chr.) gelingt es schließlich *Agrippa*, dem General und Freund Octavians, die Streitmacht des Sextus Pompeius vernichtend zu schlagen. Danach kommt es zum offenen Zerwürfnis zwischen Lepidus und Octavian. Die 22 Legionen des Lepidus laufen zu Octavian über. Lepidus wird entmachtet, verliert seine Provinz Africa und kann nur noch das Amt des Pontifex Maximus für sich behaupten, bis dieses nach seinem Tod im Jahre 12 v. Chr. an Octavian übergehen wird. Vor dem Bruch mit Lepidus war das Triumvirat 37 v. Chr. im *Vertrag von Tarent* um weitere fünf Jahre bis Ende 33 verlängert worden.

35–33 v. Chr.
Im *Balkanfeldzug* unterwerfen Octavian und Agrippa in *Illyrien* Pannonier und Dalmater, nehmen den pannonischen Hauptort Siscia ein und machen Pannonien zur römischen Provinz.

32–30 v. Chr.
Ptolemäischer Krieg: In den Osten zurückgekehrt, lässt sich Antonius von seiner Frau Octavia, der Schwester Octavians, scheiden und geht mit Kleopatra eine dauerhafte Beziehung ein. Bereits 34 v. Chr. hatte er begonnen, Teile des römischen Ostens an Kleopatra und ihre gemeinsamen Kinder zu verschenken, was seinen Rückhalt in Rom in starkem Maße beeinträchtigte. Schon gegen Ende des Jahres 36 v. Chr. war Marcus Antonius mit einem Feldzug gegen die Parther gescheitert und hatte von seinen 100 000 Mann 24 000 verloren. Durch weitere Schenkungen an Kleopatra stellte er später die ptolemäische Vorherrschaft im Osten wieder her. Caesarion, Caesars

Marcus Antonius

Seeschlacht bei Actium

und Kleopatras gemeinsamer Sohn, wurde als Mitregent eingesetzt. Auf Anstiften Octavians erklärt daraufhin der Senat Kleopatra den Krieg. In der Schlacht von Actium vor der Westküste Griechenlands besiegt Octavians Flotte am 2. Sept. 31 v. Chr. die ptolemäische Flotte von Marcus Antonius und Kleopatra, die beide entfliehen können. Die römischen Truppen nehmen im darauffolgenden Jahr Alexandria ein, woraufhin Antonius und Kleopatra Selbstmord begehen. Damit hat das letzte Diadochenreich, Nachfolger des Reiches von Alexander dem Großen, aufgehört zu existieren. Ägypten verliert seine Selbstständigkeit und wird als römische Provinz dem

Imperium einverleibt. Octavian ist nun unumstrittener Herrscher. Die Zeit der römischen Bürgerkriege ist zwar beendet, zugleich ist aber auch das Ende der freien römischen Republik, der *libera res publica,* besiegelt. Von 30 v. Chr. bis zu seinem Tod ist Octavian (Augustus) nun praktisch Alleinherrscher, wahrt jedoch stets den Schein, Vollstrecker des Volkswillens zu sein.

29 v. Chr.

Nach seiner Rückkehr nach Rom erhält Octavian vom 13.–15. Aug. einen dreifachen Triumph für die Siege in Dalmatien, Actium und in Ägypten. Er lässt, um als Friedensfürst zu erscheinen, zum ersten Mal seit 235 v. Chr. die Tore des *Ianustempels* schließen, die nur dann geschlossen werden dürfen, wenn im ganzen Reich Friede herrscht.

27 v. Chr.

Beginn des Prinzipats und der Römischen Kaiserzeit: In einem mehrtätigen Staatsakt, der am 13. Jan. beginnt, legt Octavian alle seine außerordentlichen Ämter nieder, die er während des langen Triumvirats innehatte (z. B. Gesetzgebung, Befehlsgewalt über das Heer und die Provinzen). Die Republik ist damit formal wieder hergestellt. Die Senatoren bitten ihn aber, weiterhin Verantwortung zu übernehmen, und geben ihm den Großteil seiner Machtbefugnisse zurück, so z. B. das *imperium proconsulare* (= Befehlsgewalt eines Prokonsuls), das ihn zum Statthalter der nicht-senatorischen Provinzen Spanien, Gallien, Syrien, Zypern, Kilikien und Ägypten macht.

Zudem werden ihm die Ehrennamen *Augustus* (Der Erhabene) und *Princeps* (Erster Mann im Staat) verliehen. Mit dem Prinzipat des Augustus beginnt die römische Kaiserzeit.

Augustus reist im Sommer nach Gallien, um dort die Provinz zu konsolidieren und neu zu ordnen; danach bricht er nach Spanien auf, wo sich im Norden die *Kantabrer* mit anderen Stämmen gegen Rom erhoben haben.

26–24 v. Chr.

Beginn der Expansionspolitik: Hinter der expansiven Außenpolitik des Princeps und dessen Imperialismus steht die römische Weltherrschaftsideologie. Die *Pax Romana* wird als Zustand gedacht, der erst nach der Unterwerfung der übrigen Völker durch die Römer eintritt. Da sich Augustus selbst nicht als großer Feldherr versteht, verlässt er sich auf seine Heerführer *Agrippa*, *Tiberius* und *Drusus*.

Krieg gegen die Kantabrer und Asturen: Augustus' Truppen erobern die letzten nichtrömischen Gebiete im Norden der iberischen Halbinsel. Augustus kehrt 24 v. Chr. aufgrund einer schweren Erkrankung nach Rom zurück. Das Gebiet der Kantabrer und der Asturen kann erst 19 v. Chr. vollständig erobert und als Teil der Provinz *Hispania Tarraconensis* dem Reich eingegliedert werden.

23 v. Chr.

Erweiterung der Machtbefugnisse: Augustus verzichtet zwar auf das jährliche Konsulat, lässt sich jedoch zum Ausgleich vom Senat die tribunizische Gewalt geben *(tribunicia potestas)*, die ihm zwar nicht das Amt eines Volkstribunen überträgt, aber dessen Macht, nämlich das Veto- bzw. Interzessionsrecht gegen alle Maßnahmen der Magistrate sowie die Unverletzlichkeit seiner Person. Er hat zudem das Recht, den Senat einzuberufen, Gesetze vorzuschlagen und gegen Vorschläge sein Veto einzulegen. Außerdem erhält er das *imperium proconsulare maius*, die

Ausweitung der prokonsularischen Gewalt auf alle Provinzen, auch über die senatorischen. Damit steht Augustus auf dem Höhepunkt seiner Machtbefugnisse als Princeps.

22–19 v. Chr.

Augustus lehnt verschiedene ihm vom Senat angebotene Ämter ab: das Konsulat auf Lebenszeit, die Diktatur und das Amt eines Censors.

Reise mit seiner Frau Livia nach Sizilien, Griechenland und in den Orient, wo er die Provinzen Asia (Kleinasien), Bithynia und Syria inspiziert. Anlässlich einer Revolte in Armenien hilft er beim Sturz des Königs *Artaxias*, um an seiner statt dessen Rom freundlich gesinnten Bruder *Tigranes III.* an die Macht zu bringen. Diese Machtdemonstration hat den benachbarten Partherkönig *Phraates IV.* derart beeindruckt, dass er die römischen Feldzeichen, die sein Heer nach der Niederlage der Römer unter ihrem Feldherrn *Crassus* bei *Carrhae* (53 v. Chr.) erbeutet hatte, ›freiwillig‹ zurückgibt (20 v. Chr.); für Augustus einen großer diplomatischer Erfolg. Auf der Rückreise (19 v. Chr.) von Griechenland nach Italien stirbt der Dichter *Vergil*, der den Princeps begleitet hatte.

Nach seiner Rückkehr nach Rom lässt Augustus den beliebten Ädil *Marcus Egnatius* hinrichten, weil dieser angeblich eine Verschwörung gegen ihn angezettelt hat.

18 v. Chr.

Leges Iuliae: Diese Ehegesetze zielen darauf ab, Ehe- und Kinderlosigkeit zu sanktionieren. Sie stehen im Zeichen der moralischen Erneuerungspolitik des Augustus, die die Sitten der Vorfahren *(mores maiorum)* als moralische Richtschnur betrachtet, die es zu befolgen gilt.

17 v. Chr.

Säkularfeier, bei der die Gründung Roms durch Spiele gefeiert wird. Der Dichter *Horaz* verfasst hierzu das offizielle Festgedicht *(carmen saeculare)*, mit dem er dem Herrscher huldigt. Die Bevölkerung soll mit dieser Feier den Beginn eines neuen Zeitalters – des augusteischen – erkennen.

16–13 v. Chr.

Augustus verbringt drei Jahre in Gallien, um dort die Verwaltung der Provinzen zu ordnen und diese neu aufzuteilen.

Unterwerfung der Alpenvölker: Im Jahre 16/15 v. Chr. dringen römische Truppen unter der Führung von Augustus' Stiefsöhnen *Drusus* und *Tiberius* weit nach Mitteleuropa vor und erobern den Alpenbogen von der Côte d'Azur bis nach Österreich und Julisch-Venetien. Danach überschreiten sie den Rhein und dringen weit nach Norden vor.

Krieg gegen die Sugambrer: Der ursprünglich am Niederrhein siedelnde Germanenstamm der Sugambrer tötet die in seiner Heimat ansässigen Römer, überquert den Rhein, lockt die römische Reiterei in einen Hinterhalt, besiegt anschließend den römischen Feldherrn und Statthalter Marcus Lollius und erbeutet einen Adler seiner Legion. Erst nachdem Augustus selbst nach Germanien reist, geben die Germanen Ruhe und stellen Geiseln. Endgültig werden sie aber erst 8 v. Chr. von Tiberius bezwungen.

16–9 v. Chr. erobern Augustus Stiefsöhne Drusus und Tiberius *Raetien* und das Gebiet der *Vindeliker* (Alpenvorland zwischen Bodensee und Inn).

12–9 v. Chr.

Eroberung Pannoniens bis zur mittleren Donau durch Tiberius: Drusus, den Augustus bei seiner Rückkehr aus Gallien und

Germanien dort zurückgelassen hat, beginnt von Mainz *(Mogontiacum)* und Xanten *(Vetera Castra)* aus seine Feldzüge gegen die Germanen östlich vom Rhein und nördlich vom Main. Am 14. Sept. 9 v. Chr. stirbt er durch einen Sturz vom Pferd.

Nach dem Tod des Marcus Aemilius Lepidus übernimmt Augustus am 6. März 12 v. Chr. das bislang von ihm bekleidete Amt des *Pontifex Maximus*. Damit wird die höchste Würde des Staatskults mit der politischen Macht vereint.

Einweihung der *Ara Pacis* auf dem Marsfeld 9 v. Chr.

8 v. Chr.
Tiberius dringt noch einmal bis zur Elbe vor, wo er einige Stämme unterwirft.

2 v. Chr.
Augustus wird von Valerius Messalla im Senat mit dem Titel *pater patriae* geehrt.

4–6 n. Chr.
Tiberius führt wieder das Kommando am Rhein und dringt bis zur Weser vor, dann bis zur Elbe. Er unterwirft die *Langobarden*, kann aber den Feldzug, den er gegen den *Markomannenkönig Marbod* unternommen hat, wegen des *Pannonischen Aufstandes* nicht zu Ende bringen. Er bietet Marbod einen Frieden an, den dieser annimmt.

6–9 n. Chr.
Pannonischer und Dalmatischer Aufstand (auch *Illyrischer Aufstand* genannt): Die Dalmater und Pannonier unternehmen wegen zu hoher Steuern und der drückenden Herrschaft der Römer

einen für Rom gefährlichen Aufstand. Erst nach 3 Jahren kann Tiberius diesen erfolgreich niederschlagen. Pannonien wird jetzt eine eigene Provinz.

9 n. Chr.
Varusschlacht: Die Germanen zwischen Rhein und Weser (außer den Friesen und Chauken) verbünden sich gegen Rom. *P. Quinctilius Varus* erleidet im August im *Teutoburger Wald* (im niedersächsischen Bergland bei Kalkriese) eine schwere Niederlage gegen die Cherusker unter ihrem Anführer *Arminius (Herrmann der Cherusker).* Drei römische Legionen werden vollständig vernichtet. »Varus, Varus, gib mir meine Legionen zurück«, soll Augustus verzweifelt ausgerufen haben. Unter dem Eindruck dieser Niederlage geben die Römer den Plan, die rechtsrheinischen Gebiete Germaniens bis zur Elbe zur römischen Provinz zu machen, auf. Tiberius begibt sich wieder an den Rhein, um die dortige Grenze zu sichern.

13 n. Chr.
Tiberius erhält die prokonsularische Gewalt in allen Provinzen *(imperium proconsulare maius)* und wird damit öffentlich als einzig möglicher Nachfolger von Augustus designiert.

Endredaktion der *Res Gestae* und Hinterlegung des Testaments des Herrschers im Vestatempel. In diesem Testament sind Tiberius und Livia als Haupterben eingesetzt, wobei Tiberius zwei Drittel und Livia ein Drittel der Erbschaft erhalten soll.

14 n. Chr.
Als Tiberius im Sommer nach Illyrien aufbricht, um dort die Lage militärisch zu stabilisieren, begleitet Augustus ihn bis Benevent. Dort verabschiedet er sich von ihm, um nach Rom zu-

Kamee aus der Regierungszeit des Augustus, das die vergötterten ersten Iulier darstellt. Oben in der Mitte, mit Strahlenkrone und Zepter: Iulius Caesar; zu seiner Linken: Drusus, Augustus' Adoptivsohn; rechts von ihm: Augustus auf einem geflügelten Ross, geführt von einem Genïus; eine orientalische gekleidete Gestalt bringt ihm den besiegten Erdball entgegen. Im mittleren Feld, in der Mitte: Tiberius mit seiner Mutter Livia, der dritten Gemahlin des Augustus; vor ihnen: Germanicus, Sohn des Drusus, und seine Frau Agrippina; in der äußersten Linken: der junge Caligula; hinter ihm: Klio, die Muse der Geschichte; rechts: Drusus, der Sohn des Tiberius, neben ihm: Polyhymnia, die Muse der Beredsamkeit. Im unteren Feld: gefangene Orientalen, Gallier und Germanen.

rückzukehren. In *Nola* am nördlichen Fuß des Vesuvs überfällt ihn aber ein so starkes Unwohlsein, dass seine Frau Livia herbei eilt; auch Tiberius wird zurückgerufen und trifft ihn noch lebend an.

Am 19. Aug. 14 n. Chr. stirbt Augustus in *Nola*.

Sein Leichnam wird nach Rom gebracht, auf dem Marsfeld eingeäschert und die Asche in seinem Mausoleum beigesetzt. Am 17. Sept. beschließt der Senat, ihn zum Gott zu erheben.

RES GESTAE

RERUM GESTARUM DIVI AUGUSTI, QUIBUS ORBEM TERRARUM IMPERIO POPULI ROMANI SUBIECIT, ET IMPENSARUM, QUAS IN REM PUBLICAM POPULUMQUE ROMANUM FECIT, INCISARUM IN DUABUS AHENEIS PILIS, QUAE SUNT ROMAE POSITAE, EXEMPLAR SUBIECTUM.

[1] Annos undeviginti natus exercitum privato consilio et privata impensa comparavi, per quem rem publicam a dominatione factionis oppressam in libertatem vindicavi. Eo nomine senatus decretis honorificis in ordinem suum me adlegit C. Pansa et A. Hirtio consulibus, consularem locum sententiae dicendae tribuens, et imperium mihi dedit. Res publica ne quid detrimenti caperet, me pro praetore simul cum consulibus providere iussit. Populus autem eodem anno me consulem, cum consul uterque in bello cecidisset, et triumvirum rei publicae constituendae creavit.

[2] Qui parentem meum trucidaverunt, eos in exilium expuli iudiciis legitimis ultus eorum facinus, et postea bellum inferentis rei publicae vici bis acie.

MEINE TATEN

Die Taten des vergöttlichten Augustus, durch die er den Erdkreis der Herrschaft des römischen Volkes unterworfen hat, sowie die Aufwendungen, die er für Staat und Volk der Römer getätigt hat, eingraviert auf zwei ehernen Pfeilern, die in Rom aufgestellt worden sind; unten stehend die getreue Abschrift:

1. Im Alter von neunzehn Jahren habe ich als Privatmann aus eigenem Entschluss und mit eigenen Mitteln ein Heer aufgestellt, mit dem ich unserem Staat, der durch die Willkürherrschaft einer Partei unterdrückt war, die Freiheit wiedergegeben habe. Dafür hat mich der Senat im Konsulatsjahr des C. Pansa und des A. Hirtius unter ehrenvollen Beschlüssen in seine Reihen aufgenommen, hat mir den konsularischen Rang bei Abstimmungen verliehen und mir militärische Befehlsgewalt übertragen. Weiterhin bestellte er mich im Rang eines Proprätors dazu, zusammen mit den Konsuln dafür Sorge zu tragen, dass der Staat keinen Schaden nehme.

Das Volk aber wählte mich im selben Jahre zum Konsul, als beide Konsuln im Krieg gefallen waren, und zum Triumvirn zur Wiederherstellung eines geordneten Staatswesens.

2. Die Mörder meines Vaters habe ich in die Verbannung getrieben und somit ihr Verbrechen nach gesetzmäßigem Urteilsspruch gerächt. Als sie daraufhin die Waffen gegen den eigenen Staat erhoben, habe ich sie in zwei Feldschlachten besiegt.

[3] Bella terra et mari civilia externaque toto in orbe terrarum saepe gessi victorque omnibus veniam petentibus civibus peperci. Externas gentes, quibus tuto ignosci potuit, conservare quam excidere malui. Millia civium Romanorum sub sacramento meo fuerunt circiter quingenta. Ex quibus deduxi in colonias aut remisi in municipia sua stipendis emeritis millia aliquanto plura quam trecenta, et iis omnibus agros adsignavi aut pecuniam pro praemis militiae dedi. Naves cepi sescentas praeter eas, si quae minores quam triremes fuerunt.

[4] Bis ovans triumphavi et tris egi curulis triumphos et appellatus sum viciens et semel imperator, decernente pluris triumphos mihi senatus, quibus omnibus supersedi. Laurum de fascibus deposui in Capitolio votis, quae quoque bello nuncupaveram, solutis. Ob res a me aut per legatos meos auspicis meis terra marique prospere gestas quinquagiens et quinquiens decrevit senatus supplicandum esse dis immortalibus. Dies autem, per quos ex senatus consulto supplicatum est, fuere DCCCLXXXX. In triumphis meis ducti sunt ante currum meum reges aut regum liberi novem. Consul fueram terdeciens, cum scribebam haec, et eram septimum et tricensimum tribuniciae potestatis.

3. Ich führte oft Kriege gegen Feinde im Innern und gegen solche außerhalb des Reiches auf dem ganzen Erdkreis zu Wasser und zu Lande, und als Sieger habe ich allen Mitbürgern, die darum baten, Gnade zukommen lassen. Fremde Völker wollte ich immer lieber erhalten als zugrunde richten, wenn man ihnen ohne Gefahr für unser Reich verzeihen konnte.

Etwa 500 000 Bürger haben mir den Fahneneid geleistet. Von denen habe ich etwas über 300 000 nach Ablauf ihrer Dienstzeit in neuen Kolonien angesiedelt oder in ihre Heimatorte entlassen, und ihnen allen habe ich als Belohnung für ihre Dienste Ackerland zugewiesen oder bares Geld gegeben.

Schiffe habe ich 600 erbeutet, nicht gerechnet die, die kleiner als Dreiruderer waren.

4. Zweimal habe ich den kleinen Triumph, die *ovatio*, begangen und dreimal den großen kurulischen Triumph. Einundzwanzig Mal wurde ich als siegreicher Feldherr mit dem Titel Imperator geehrt. Weitere Triumphe, die mir der Senat zuerkannt hatte, habe ich alle zurückgewiesen. Nach jedem Sieg legte ich den Lorbeer von den Rutenbündeln auf dem Kapitol nieder und löste damit die Gelübde ein, die ich vor jedem Krieg feierlich abgelegt hatte. Für kriegerische Taten, die von mir oder meinen Feldherrn zu Lande und zu Wasser unter meiner Leitung erfolgreich durchgeführt worden waren, ordnete der Senat fünfundfünfzig Mal Dankfeste für die unsterblichen Götter an; es waren aber im Ganzen 890 Tage, an denen auf Beschluss des Senats solche Dankfeste gefeiert wurden. Bei meinen Triumphen wurden vor meinem Wagen neun Könige oder Kinder von Königen geführt. Konsul war ich dreizehn Mal, als ich dies schrieb, und übe nun im siebenunddreißigsten Jahr die tribunizische Amtsgewalt aus.

[5] Dictaturam et apsenti et praesenti mihi delatam et a populo et a senatu M. Marcello et L. Arruntio consulibus non recepi. Non sum deprecatus in summa frumenti penuria curationem annonae, quam ita administravi, ut intra dies paucos metu et periclo praesenti civitatem universam liberarem impensa et cura mea. Consulatum quoque tum annuum et perpetuum mihi delatum non recepi.

[6] Consulibus M. Vinicio et Q. Lucretio et postea P. Lentulo et Cn. Lentulo et tertium Paullo Fabio Maximo et Q. Tuberone senatu populoque Romano consentientibus, ut curator legum et morum summa potestate solus crearer, nullum magistratum contra morem maiorum delatum recepi. Quae tum per me geri senatus voluit, per tribuniciam potestatem perfeci, cuius potestatis conlegam et ipse ultro quinquiens a senatu depoposci et accepi.

[7] Triumvirum rei publicae constituendae fui per continuos annos decem. Princeps senatus fui usque ad eum diem, quo scripseram haec, per annos quadraginta. Pontifex maximus, augur, XV virum sacris faciundis, VII virum epulonum, frater arvalis, sodalis Titius, fetialis fui.

5. Die Diktatur, die mir im Konsulatsjahr des M. Marcellus und des L. Arruntius in meiner Abwesenheit und auch in meinem Beisein vom Volk und auch vom Senat angetragen worden ist, habe ich abgelehnt. Nicht abgelehnt aber habe ich, als größter Mangel an Getreide herrschte, die Sorge um die Beschaffung von Lebensmitteln, die ich so ausübte, dass ich innerhalb weniger Tage das gesamte Volk auf meine eigenen Kosten und durch eigene Fürsorge von aller Furcht und schon greifbarer Gefahr befreite. Als mir daraufhin das jährliche Konsulat auf Lebenszeit angetragen wurde, habe ich dieses nicht angenommen.

6. Als in dem Konsulatsjahr des M. Vicinius und des Q. Lucretius und später dem des P. Lentulus und des Cn. Lentulus und zum dritten Mal unter dem des Paullus Fabius Maximus und des Q. Tubero der Senat und das Volk einmütig beschlossen, dass ich alleinig mit unumschränkter Gewalt mit der Wahrung von Gesetz und Sitten betraut werden sollte, habe ich dieses ebenso wie auch sonst jedes Amt abgeschlagen, das mir gegen Brauch und Sitte der Vorfahren angetragen zu sein erschien. Die Maßnahmen, die der Senat damals gerne von mir ausführen ließ, habe ich allerdings aufgrund der Befugnisse meiner tribunizischen Amtsgewalt durchgeführt. Für dieses Amt habe ich fünfmal einen Kollegen hinzugezogen, den ich mir aus freien Stücken selbst vom Senat erbeten hatte.

7. Zehn Jahre lang ohne Unterbrechung war ich Triumvir zur Wiederherstellung eines geordneten Staatswesens. Erster Mann des Senats war ich bis zu dem Tag, an dem ich dies hier geschrieben habe, vierzig Jahre lang. Ich war Pontifex Maximus, Augur, gehörte dem Kollegium der Quindecimviri zur

[8] Patriciorum numerum auxi consul quintum iussu populi et senatus. Senatum ter legi et in consulatu sexto censum populi conlega M. Agrippa egi. Lustrum post annum alterum et quadragensimum feci. Quo lustro civium Romanorum censa sunt capita quadragiens centum millia et sexaginta tria millia. Tum iterum consulari cum imperio lustrum solus feci C. Censorino et C. Asinio cos., quo lustro censa sunt civium Romanorum capita quadragiens centum millia et ducenta triginta tria millia, et tertium consulari cum imperio lustrum conlega Tib. Caesare filio meo feci Sex. Pompeio et Sex. Appuleio cos., quo lustro censa sunt civium Romanorum capitum quadragiens centum millia et nongenta triginta et septem millia. Legibus novis me auctore latis multa exempla maiorum exolescentia iam ex nostro saeculo reduxi et ipse multarum rerum exempla imitanda posteris tradidi.

[9] Vota pro valetudine mea suscipi per consules et sacerdotes quinto quoque anno senatus decrevit. Ex iis votis saepe fecerunt vivo me ludos aliquotiens sacerdotum quattuor amplissima collegia, aliquotiens consules. Privatim etiam et municipatim

Überwachung der Opferhandlungen an und dem der Septemviri für die gottesdienstlichen Speisungen, ich war auch Mitglied der Arvalbrüderschaft und der der Titier und habe das Amt eines Fetialen bekleidet.

8. Die Zahl der Patrizier habe ich im Auftrag des Volkes und des Senats in meinem fünften Konsulat erhöht. Dreimal habe ich den Senat neu umgebildet und in meinem sechsten Konsulat habe ich mit meinem Amtskollegen M. Agrippa eine allgemeine Steuerschätzung des Volkes vorgenommen. Zum ersten Mal seit zweiundvierzig Jahren habe ich damit wieder eine solche Zählung verbunden mit einem Sühneopfer veranstaltet, wobei 4 063 000 römische Bürger gezählt wurden. Danach habe ich ausgestattet mit der Konsulargewalt im Konsulat des C. Censorinus und des C. Asinius diesmal allein eine zweite Volkszählung vornehmen lassen, die 4 233 000 römische Bürger ergab. Eine dritte Volkszählung, die ich kraft meiner Konsulargewalt unter dem Konsulat des S. Pompeius und des S. Appuleius mit Unterstützung meines Sohnes Tiberius Caesar als Kollegen habe durchführen lassen, ergab 4 937 000 römische Bürger.

Durch neue Gesetze, die durch mich eingebracht wurden, habe ich viele beispielhafte Einrichtungen unserer Vorfahren, die schon in unserem Zeitalter in Vergessenheit geraten waren, wieder eingeführt und habe auch selbst den Nachkommen in vielen Bereichen nachahmenswerte Beispiele hinterlassen.

9. Dass Gelübde für mein Wohlergehen in jedem fünften Jahr durch die Konsuln und Priester vorgenommen werden, hat der Senat beschlossen. Aufgrund solcher Gelübde gaben schon zu meinen Lebzeiten einige Male die vier obersten Priester-

universi cives unanimiter continenter apud omnia pulvinaria pro valetudine mea supplicaverunt.

[10] Nomen meum senatus consulto inclusum est in Saliare carmen, et sacrosanctus in perpetum ut essem et, quoad viverem, tribunicia potestas mihi esset, per legem sanctum est. Pontifex maximus ne fierem in vivi conlegae mei locum, populo id sacerdotium deferente mihi, quod pater meus habuerat, recusavi. Quod sacerdotium aliquod post annos eo mortuo, qui civilis motus occasione occupaverat, cuncta ex Italia ad comitia mea confluente multitudine, quanta Romae nunquam fertur ante id tempus fuisse, recepi P. Sulpicio C. Valgio consulibus.

[11] Aram Fortunae Reducis ante aedes Honoris et Virtutis ad portam Capenam pro reditu meo senatus consacravit, in qua pontifices et virgines Vestales anniversarium sacrificium facere iussit eo die, quo consulibus Q. Lucretio et M. Vinicio in urbem ex Syria redieram, et diem Augustalia ex cognomine nostro appellavit.

[12] Ex senatus auctoritate pars praetorum et tribunorum plebi cum consule Q. Lucretio et principibus viris obviam mihi missa

schaften und andere Male die Konsuln Spiele. Auch privat von Einzelpersonen als auch von Stadtgemeinden wurden von allen Bürgern einmütig bei allen Heiligtümern unablässig für mein Wohlergehen Opfer dargebracht.

10. Auf Beschluss des Senats ist mein Name in das Kultlied der Salier aufgenommen worden, und durch ein Gesetz ist feierlich festgelegt worden, dass meine Person für immer unverletzlich sein solle und dass ich auf Lebenszeit die tribunizische Gewalt innehaben solle. Obschon mir das Volk antrug, das Amt des Pontifex Maximus, das auch mein Vater schon bekleidet hatte, anstelle meines noch lebenden Kollegen zu übernehmen, habe ich dies zurückgewiesen. Dieses Priesteramt habe ich erst einige Jahre später im Konsulat des P. Sulpicius und des C. Valgius angenommen, als derjenige gestorben war, der es während der Wirren der Bürgerkriege an sich gerissen hatte; zu dieser meiner Wahl strömte aus ganz Italien eine solch große Volksmenge nach Rom, wie es sie dort noch nie vorher gegeben haben soll.

11. Zur Feier meiner Rückkehr hat mir der Senat an der Porta Capena vor dem Tempel von Honos und Virtus den Altar der Fortuna Redux, der Heimkehr Verleihenden, geweiht, auf dem die Priester und die Vestalischen Jungfrauen alljährlich an demjenigen Tag ein Opfer darbringen sollten, an dem ich im Konsulat des Q. Lucretius und des M. Vinicius aus Syrien in die Stadt Rom zurückgekommen war. Diesen Festtag nannte der Senat nach meinem Beinamen *Augustalia.*

12. Auf Beschluss des Senats wurde mir eine Abordnung von Prätoren und Volkstribunen mit dem Konsul Q. Lucretius und

est in Campaniam, qui honos ad hoc tempus nemini praeter me est decretus. Cum ex Hispania Galliaque, rebus in iis provincis prospere gestis, Romam redi, Ti. Nerone P. Quintilio consulibus aram Pacis Augustae senatus pro reditu meo consacrandam censuit ad campum Martium, in qua magistratus et sacerdotes virginesque Vestales anniversarium sacrificium facere iussit.

[13] Ianum Quirinum, quem claussum esse maiores nostri voluerunt, cum per totum imperium populi Romani terra marique esset parta victoriis pax, cum, priusquam nascerer, a condita urbe bis omnino clausum fuisse prodatur memoriae, ter me principe senatus claudendum esse censuit.

[14] Filios meos, quos iuvenes mihi eripuit fortuna, Gaium et Lucium Caesares honoris mei caussa senatus populusque Romanus annum quintum et decimum agentis consules designavit, ut eum magistratum inirent post quinquennium, et ex eo die, quo deducti sunt in forum, ut interessent consiliis publicis, decrevit senatus. Equites autem Romani universi principem iuventutis utrumque eorum parmis et hastis argenteis donatum appellaverunt.

[15] Plebei Romanae viritim HS trecenos numeravi ex testamento patris mei et nomine meo HS quadringenos ex bellorum

führenden Staatsmännern nach Kampanien entgegengesandt, eine Ehre, die bis zum heutigen Tag niemandem außer mir zuerkannt worden ist. Als ich unter dem Konsulat des Ti. Nero und des P. Quintilus aus Spanien und Gallien nach erfolgreicher Ordnung dieser Provinzen nach Rom zurückgekehrt bin, hat der Senat beschlossen, für meine Rückkehr auf dem Marsfeld einen Altar des »Augustusfriedens« zu weihen, in dem die Beamten, Priester und Vestalischen Jungfrauen jedes Jahr auf sein Geheiß ein Opfer darbringen sollten.

13. Den Tempel des Ianus Quirinus, den unsere Vorfahren nur dann schließen wollten, wenn im ganzen Herrschaftsgebiet des römischen Volkes ein durch Siege zu Wasser und zu Lande errungener Friede herrschte, und der nach der Überlieferung seit der Gründung der Stadt bis zu meiner Geburt überhaupt erst zweimal geschlossen worden war, diesen Tempel beschloss der Senat unter meiner Amtsführung dreimal zu schließen.

14. Meine Söhne Gaius und Lucius Caesar, die mir das Schicksal entrissen hat, als sie noch junge Männer waren, haben der Senat und das römische Volk mir zu Ehren in ihrem fünfzehnten Lebensjahr zu Konsuln designiert, damit sie dieses Amt nach fünf Jahren antreten sollten; auch war es der Beschluss, dass sie von dem Tag an, an dem sie als Volljährige auf das Forum geführt würden, an den Staatssitzungen teilnehmen dürften. Alle römischen Ritter aber gaben einhellig jedem der beiden den Titel »Erster der Jugend« und verliehen ihnen silberne Rundschilde und Lanzen als Geschenk.

15. Der Bevölkerung (*plebs*) von Rom habe ich als Testamentsvollstrecker meines Vaters pro Kopf 300 Sesterzen aus-

manibiis consul quintum dedi, iterum autem in consulatu decimo ex patrimonio meo HS quadringenos congiari viritim pernumeravi, et consul undecimum duodecim frumentationes frumento privatim coempto emensus sum, et tribunicia potestate duodecimum quadringenos nummos tertium viritim dedi. Quae mea congiaria pervenerunt ad hominum millia numquam minus quinquaginta et ducenta. Tribuniciae potestatis duodevicensimum, consul XII, trecentis et viginti millibus plebis urbanae sexagenos denarios viritim dedi. Et colonis militum meorum consul quintum ex manibiis viritim millia nummum singula dedi; acceperunt id triumphale congiarium in colonis hominum circiter centum et viginti millia. Consul tertium decimum sexagenos denarios plebei, quae tum frumentum publicum accipiebat, dedi; ea millia hominum paullo plura quam ducenta fuerunt.

[16] Pecuniam pro agris, quos in consulatu meo quarto et postea consulibus M. Crasso et Cn. Lentulo Augure adsignavi militibus, solvi municipis; ea summa sestertium circiter sexsiens milliens fuit, quam pro Italicis praedis numeravi, et circiter bis milliens et sescentiens, quod pro agris provincialibus solvi. Id primus et solus omnium, qui deduxerunt colonias militum in Italia aut in provincis, ad memoriam aetatis meae feci. Et postea Ti. Nerone et Cn. Pisone consulibus itemque C. Antistio et D. Laelio cos.

gezahlt und in meinem eigenen Namen habe ich in meinem fünften Konsulat jedem von ihnen aus der Kriegsbeute 400 Sesterzen gegeben, ferner habe ich in meinem zehnten Konsulat ein zweites Mal jedem pro Kopf 400 Sesterzen als Spende aus meinem ererbten Privatvermögen zugeteilt. In meinem elften Konsulat habe ich zwölf Getreidespenden austeilen lassen, wobei ich das Getreide aus eigener Tasche habe zusammenkaufen lassen. Im zwölften Jahr meines Tribunenamtes habe ich zum dritten Mal 400 Sesterzen pro Kopf ausgeteilt. Diese meine Spenden kamen niemals weniger als 250 000 Menschen zugute. In meinem zwölften Konsulat und zugleich achtzehnten Jahr meines Tribunenamtes habe ich 320 000 Menschen aus der städtischen Bevölkerung *(plebs)* pro Kopf 60 Denare geben lassen. Und den Ansiedlern unter meinen Soldaten habe ich in meinem fünften Konsulat aus der Kriegsbeute je 1000 Sesterzen pro Mann gegeben. Es waren etwa 120 000 Menschen in den neuen Ansiedlungen, die diese Spende anlässlich meines Triumphes erhalten haben. In meinem dreizehnten Konsulat habe ich jedem aus der städtischen Bevölkerung *(plebs)*, der damals von Staats wegen Getreidespenden erhielt, 60 Denare zukommen lassen; es waren dies etwas mehr als 200 000 Menschen.

16. Für das Ackerland, das ich in meinem vierten Konsulat und später im Konsulatsjahr des M. Crassus und des Cn. Lentulus Augur meinen altgedienten Soldaten zugewiesen habe, habe ich den Gemeinden das Geld bezahlt. Die aufgebrachte Summe, mit der ich in Italien Ackerland gekauft habe, betrug ungefähr 600 Millionen Sesterzen, und ungefähr 260 Millionen Sesterzen habe ich für die Ländereien in den Provinzen ausgegeben. So etwas habe ich, soweit die Erinnerung bis heute zurück-

et C. Calvisio et L. Pasieno consulibus et L. Lentulo et M. Messalla consulibus et L. Caninio et Q. Fabricio cos. militibus, quos emeriteis stipendis in sua municipia deduxi, praemia numerato persolvi, quam in rem sestertium quater milliens circiter impendi.

[17] Quater pecunia mea iuvi aerarium, ita ut sestertium milliens et quingentiens ad eos, qui praerant aerario, detulerim. Et M. Lepido et L. Arruntio cos. in aerarium militare, quod ex consilio meo constitutum est, ex quo praemia darentur militibus, qui vicena aut plura stipendia emeruissent, HS milliens et septingentiens ex patrimonio meo detuli.

[18] Ab eo anno, quo Cn. et P. Lentuli consules fuerunt, cum deficerent vectigalia, tum centum millibus hominum, tum pluribus multo frumentarios et nummarios tributus ex horreo et patrimonio meo edidi.

[19] Curiam et continens ei Chalcidicum templumque Apollinis in Palatio cum porticibus, aedem divi Iuli, Lupercal, porticum ad circum Flaminium, quam sum appellari passus ex nomine eius, qui priorem eodem in solo fecerat, Octaviam, pulvinar ad circum maximum, aedes in Capitolio Iovis Feretri et Iovis Tonantis, aedem Quirini, aedes Minervae et Iunonis Reginae et Iovis Libertatis in Aventino, aedem Larum in summa sacra

reicht, als erster und einziger von all denen getan, die altgediente Soldaten in Italien oder in den Provinzen angesiedelt haben. Und später im Konsulat des Ti. Nero und des Cn. Piso, ebenso unter dem des C. Antistius und des D. Laelius, dem des C. Calvisius und des L. Pasienus, dem des L. Lentulus und des M. Messala und dem des L. Canisius und des Q. Fabricius habe ich die Soldaten, die ich nach ihrer abgeleisteten Dienstzeit in ihre Heimatstädte entlassen habe, mit Geldsummen bar belohnt, wofür ich etwa 400 Millionen Sesterzen verausgabt habe.

17. Viermal habe ich der Staatskasse mit meinem eigenen Geld ausgeholfen, indem ich den Schatzmeistern 150 Millionen Sesterzen überwiesen habe. Und unter den Konsuln M. Lepidus und L. Arruntius habe ich 170 Millionen Sesterzen aus meinem privaten Vermögen an die Militärkasse gezahlt, die auf meine Veranlassung gegründet wurde, um damit Soldaten zu versorgen, die 20 Jahre oder länger gedient hatten.

18. Seit in dem Jahr, als Cn. und P. Lentulus Konsuln waren, die Steuereinnahmen nicht ausreichten, habe ich bald 100 000, bald noch weit mehr Menschen aus meinen eigenen Vorratsspeichern und aus meinem privaten Vermögen Getreide- und Geldspenden zukommen lassen.

19. Folgende Bauten habe ich errichten lassen: Die Kurie und das an sie angrenzende Chalcidicum, den Apollotempel auf dem Palatin mit seinen Säulenhallen, den Tempel des vergöttlichten Iulius, das Lupercal, die Säulenhalle beim Circus Flaminius, die nach meiner Erlaubnis den Namen Oktavische Halle behielt nach dem Namen dessen, der schon früher an derselben Stelle eine solche hatte erbauen lassen, ein Pulvinar

via, aedem deum Penatium in Velia, aedem Iuventatis, aedem Matris Magnae in Palatio feci.

[20] Capitolium et Pompeium theatrum utrumque opus impensa grandi refeci sine ulla inscriptione nominis mei. Rivos aquarum compluribus locis vetustate labentes refeci et aquam, quae Marcia appellatur, duplicavi fonte novo in rivum eius inmisso. Forum Iulium et basilicam, quae fuit inter aedem Castoris et aedem Saturni, coepta profligataque opera a patre meo, perfeci et eandem basilicam consumptam incendio, ampliato eius solo, sub titulo nominis filiorum meorum incohavi, et, si vivus non perfecissem, perfici ab heredibus meis iussi. Duo et octoginta templa deum in urbe consul sextum ex auctoritate senatus refeci nullo praetermisso, quod eo tempore refici debebat. Consul septimum viam Flaminiam ab urbe Ariminum refeci pontesque omnes praeter Mulvium et Minucium.

beim Circus Maximus, auf dem Kapitol die Tempel des Iuppiter Feretrius und des Iuppiter Tonans, den Tempel des Quirinus, die Heiligtümer der Minerva, der Iuno Regina und des Iuppiter Libertas auf dem Aventinhügel, das Heiligtum für die Laren auf der höchsten Stelle der Via Sacra, dasjenige für die Penaten im Bezirk der Velia, den Tempel der Iuventas und dann den der Magna Mater auf dem Palatin.

20. Folgende Bauten habe ich wieder herstellen oder fertigstellen lassen: Den Tempel auf dem Kapitol und das Theater des Pompeius, diese beiden Bauten habe ich mit großem Aufwand wiederherstellen lassen, ohne dabei irgendeine Inschrift mit meinem Namen anzubringen. Die Wasserleitungen, die an vielen Stellen vor Alter baufällig geworden waren, ließ ich wieder instand setzen und die Wassermenge der sogenannten Aqua Marcia habe ich verdoppelt, dadurch dass ich eine neue Quelle dazu leiten ließ. Das Forum Iulium und die Basilica, die sich zwischen dem Tempel des Castor und dem des Saturn befand, beides Bauten, die von meinem Vater begonnen und fast vollendet worden waren, habe ich fertiggestellt. Und nachdem diese Basilica durch einen Brand zerstört worden ist, habe ich ihren Grundriss erweitert und darauf auf den Namen meiner Söhne einen Neubau derselben begonnen und meinen Erben aufgetragen, diesen zu vollenden, falls ich es selber nicht mehr erleben sollte.

Zweiundachtzig Göttertempel habe ich in Rom auf Beschluss des Senats hin wiederherstellen lassen, als ich zum sechsten Mal Konsul war, und dabei keinen ausgelassen, der zu diesem Zeitpunkt erneuerungsbedürftig war. Als ich zum siebten Mal Konsul war, habe ich die Via Flaminia von der Stadt Rom bis nach Ariminum (Rimini) erneuern lassen sowie alle Brücken außer der Mulvius- und der Minuciusbrücke.

[21] In privato solo Martis Ultoris templum forumque Augustum ex manibiis feci. Theatrum ad aedem Apollinis in solo magna ex parte a privatis empto feci, quod sub nomine M. Marcelli generi mei esset. Dona ex manibiis in Capitolio et in aede divi Iuli et in aede Apollinis et in aede Vestae et in templo Martis Ultoris consacravi, quae mihi constiterunt HS circiter milliens. Auri coronari pondo triginta et quinque millia municipiis et colonis Italiae conferentibus ad triumphos meos quintum consul remisi, et postea, quotienscumque imperator appellatus sum, aurum coronarium non accepi decernentibus municipiis et colonis aeque benigne adque antea decreverant.

[22] Ter munus gladiatorium dedi meo nomine et quinquiens filiorum meorum aut nepotum nomine, quibus muneribus depugnaverunt hominum circiter decem millia. Bis athletarum undique accitorum spectaculum populo praebui meo nomine et tertium nepotis mei nomine. Ludos feci meo nomine quater, aliorum autem magistratuum vicem ter et viciens. Pro conlegio XVvirorum magister conlegii collega M. Agrippa ludos saeclares C. Furnio C. Silano cos. feci. Consul XIII ludos Martiales primus feci, quos post id tempus deinceps insequentibus annis s.c. et lege fecerunt consules. Venationes bestiarum Africanarum meo nomine aut filiorum meorum et nepotum in circo aut in foro aut in amphitheatris populo dedi sexiens et viciens, quibus confecta sunt bestiarum circiter tria millia et quingentae.

21. Auf eigenem Grund und Boden erbaute ich aus der Kriegsbeute den Tempel des Mars Ultor und das Augustusforum. In der Nähe des Apollotempels habe ich auf einem Grundstück, das ich zum größten Teil Privatbesitzern abgekauft habe, ein Theater erbaut, das nach meinem Schwiegersohn Marcellus benannt werden sollte.

Weihegeschenke aus der Kriegsbeute im Gesamtwert von ungefähr 100 Millionen Sesterzen habe ich auf dem Kapitol, im Tempel des vergöttlichten Iulius, in dem des Apollo, dem der Vesta und in dem des Mars Ultor darbringen lassen. Das Kranzgold im Wert von 35 000 Goldpfund, das mir die Landstädte und Neuansiedlungen Italiens zu meinen Triumphen im fünften Konsulat darbrachten, habe ich zurückgewiesen und auch später habe ich jedes Mal, wenn ich zum Imperator ausgerufen worden bin, das Kranzgeld nicht angenommen, das mir die Landstädte und Neuansiedlungen ebenso freigebig wie früher zugedacht hatten.

22. Dreimal habe ich in meinem Namen Gladiatorenspiele veranstaltet und fünfmal im Namen meiner Söhne oder Enkel. Bei diesen Spielen kämpften etwa 10 000 Mann. Zweimal habe ich dem Volk im eigenem Namen und ein drittes Mal im Namen meines Enkels athletische Spiele geboten, wobei die Wettkämpfer von überall her zusammengebracht worden waren. Andere Spiele habe ich in meinem Namen viermal veranstaltet und dreiundzwanzig Mal in Vertretung anderer Beamter. Für das Kollegium der Quindecimviri habe ich als sein Vorsitzender unter dem Konsulat des C. Furnius und des C. Silanus zusammen mit meinem Amtskollegen M. Agrippa die Säkularfeiern abhalten lassen. In meinem dreizehnten Konsulat habe ich als erster die Marsspiele veranstaltet, welche dann

[23] Navalis proeli spectaclum populo dedi trans Tiberim, in quo loco nunc nemus est Caesarum, cavato solo in longitudinem mille et octingentos pedes, in latitudinem mille et ducenti. In quo triginta rostratae naves triremes aut biremes, plures autem minores inter se conflixerunt; quibus in classibus pugnaverunt praeter remiges millia hominum tria circiter.

[24] In templis omnium civitatium provinciae Asiae victor ornamenta reposui, quae spoliatis templis is, cum quo bellum gesseram, privatim possederat. Statuae meae pedestres et equestres et in quadrigeis argenteae steterunt in urbe XXC circiter, quas ipse sustuli, exque ea pecunia dona aurea in aede Apollinis meo nomine et illorum, qui mihi statuarum honorem habuerunt, posui.

[25] Mare pacavi a praedonibus. Eo bello servorum, qui fugerant a dominis suis et arma contra rem publicam ceperant, triginta

in den folgenden Jahren auf Senatsbeschluss und kraft eines Gesetzes von den Konsuln ausgerichtet wurden.

Tierhetzen mit afrikanischen Tieren habe ich dem Volk in meinem Namen oder in dem meiner Söhne und Enkel sechsundzwanzig Mal geboten, und zwar im Circus oder auf dem Forum oder im Amphitheater, wobei insgesamt etwa 3500 wilde Tiere getötet wurden.

23. Jenseits des Tibers, wo sich jetzt der Hain der Caesaren befindet, habe ich dem Volk das Schauspiel einer Seeschlacht geboten; dafür wurde ein Becken in einer Länge von 1800 Fuß und einer Breite von 1200 Fuß ausgeschachtet. Dabei lieferten sich dreißig Zwei- oder Dreiruderer mit Rammspornen und eine noch größere Zahl kleinerer Schiffe unter sich einen Kampf zur See. Auf diesen Flotten kämpften außer den Ruderern etwa 3000 Mann.

24. In den Tempeln aller Städte der Provinz Asia habe ich nach meinem Sieg die Schmuckgegenstände wieder aufstellen lassen, die sich derjenige, gegen den ich Krieg geführt hatte, durch Plünderung dieser Heiligtümer persönlich angeeignet hatte.

Die etwa 80 silbernen Standbilder von mir, die in Rom standen und mich zu Fuß, zu Pferde oder auf einem Viergespann zeigten, habe ich selber entfernen und aus dem daraus erlösten Geld goldene Weihgeschenke aufstellen lassen im Tempel des Apollo, und dies in meinem Namen und in dem jener Menschen, die diese Standbilder mir zu Ehren aufgestellt hatten.

25. Ich habe das Meer von den Seeräubern befreit. In diesem Krieg habe ich etwa 30 000 Sklaven, die ihren Herren entflo-

fere millia capta dominis ad supplicium sumendum tradidi. Iuravit in mea verba tota Italia sponte sua et me belli, quo vici ad Actium, ducem depoposcit. Iuraverunt in eadem verba provinciae Galliae, Hispaniae, Africa, Sicilia, Sardinia. Qui sub signis meis tum militaverint, fuerunt senatores plures quam DCC, in iis, qui vel antea vel postea consules facti sunt ad eum diem, quo scripta sunt haec, LXXXIII, sacerdotes circiter CLXX.

[26] Omnium provinciarum populi Romani, quibus finitimae fuerunt gentes, quae non parerent imperio nostro, fines auxi. Gallias et Hispanias provincias, item Germaniam, qua includit Oceanus a Gadibus ad ostium Albis fluminis, pacavi. Alpes a regione ea, quae proxima est Hadriano mari, ad Tuscum pacari feci nulli genti bello per iniuriam inlato. Classis mea per Oceanum ab ostio Rheni ad solis orientis regionem usque ad fines Cimbrorum navigavit, quo neque terra neque mari quisquam Romanus ante id tempus adit. Cimbrique et Charydes et Semnones et eiusdem tractus alii Germanorum populi per legatos amicitiam meam et populi Romani petierunt. Meo iussu et auspicio ducti sunt duo exercitus eodem fere tempore in Aethiopiam et in Arabiam, quae appellatur Eudaemon, magnaeque hostium gentis utriusque copiae caesae sunt in acie et complura oppida capta. In Aethiopiam usque ad oppidum Nabata perventum est, cui proxima est Meroe; in Arabiam usque in fines Sabaeorum processit exercitus ad oppidum Mariba.

hen waren und die Waffen gegen unseren Staat erhoben hatten, gefangen genommen und dann ihren Herrn zur Bestrafung übergeben.

Den Treueeid hat mir ganz Italien aus freien Stücken geschworen und mich als Feldherrn in dem Krieg verlangt, in dem ich bei Actium den Sieg errungen habe. Denselben Eid haben mir die Provinzen von Gallien und Spanien, von Afrika, Sizilien und Sardinien geschworen.

Unter denen, die damals unter meinen Feldzeichen kämpften, befanden sich mehr als 700 Senatoren; von denen waren, bis zu dem Tag, an dem ich dies hier niedergeschrieben habe, 83 vorher oder nachher Konsul, und auch etwa 170 Priester.

26. Die Grenzen aller Provinzen des römischen Volkes, deren Nachbarn Volksstämme waren, die noch nicht unserer Herrschaft gehorchten, habe ich erweitert. Die gallischen und spanischen Provinzen und ebenso Germanien, das ganze Gebiet, das das Weltmeer von Gades bis zur Mündung der Elbe umschließt, habe ich befriedet. Das Alpengebiet habe ich von dem Gebiet, das dem adriatischen Meer am nächsten liegt, bis zum Tyrrhenischen Meer befrieden lassen, ohne dass irgendeinem Volk dort ein ungerechter Krieg aufgezwungen wurde. Meine Flotte segelte durch das Weltmeer in Richtung Osten von der Mündung des Rheins ab bis zu dem Lande der Kimbern, wohin bis zu dieser Zeit kein Römer weder zu Wasser noch zu Lande je gelangt war, und die Kimbern, die Charyden, die Semnonen und andere germanische Stämme derselben Gegenden haben dabei Abgesandte geschickt und um meine Freundschaft und die des römischen Volkes gebeten. Fast zur gleichen Zeit sind auf meinen Befehl hin und unter meinem Kommando zwei Heere bis nach Äthiopien und dem sogenannten Glücklichen

[27] Aegyptum imperio populi Romani adieci. Armeniam maiorem interfecto rege eius Artaxe, cum possem facere provinciam, malui maiorum nostrorum exemplo regnum id Tigrani, regis Artavasdis filio, nepoti autem Tigranis regis, per Ti. Neronem tradere, qui tum mihi privignus erat. Et eandem gentem postea desciscentem et rebellantem domitam per Gaium filium meum regi Ariobarzani, regis Medorum Artabazi filio, regendam tradidi et post eius mortem filio eius Artavasdi; quo interfecto Tigranem, qui erat ex regio genere Armeniorum oriundus, in id regnum misi. Provincias omnis, quae trans Hadrianum mare vergunt ad orientem, Cyrenasque, iam ex parte magna regibus ea possidentibus, et antea Siciliam et Sardiniam occupatas bello servili reciperavi.

[28] Colonias in Africa, Sicilia, Macedonia, utraque Hispania, Achaia, Asia, Syria, Gallia Narbonensi, Pisidia militum deduxi. Italia autem XXVIII colonias, quae vivo me celeberrimae et frequentissimae fuerunt, mea auctoritate deductas habet.

Arabien geführt worden, und große feindliche Truppen beider Völker wurden dort in einer Feldschlacht vernichtet und mehrere Städte erobert. In Äthiopien gelangten wir bis zur Stadt Nabata, die ganz nahe bei Meroe liegt. In Arabien rückte das Heer in das Gebiet der Sabäer zu der Stadt Mariba vor.

27. Dem Herrschaftsgebiet des römischen Volkes habe ich Ägypten hinzugefügt. Obwohl ich Großarmenien nach der Ermordung seines Königs Artaxes zur Provinz hätte machen können, habe ich es vorgezogen, nach dem Beispiel unserer Ahnen dieses Reich dem Tigranes, dem Sohn des Königs Artavasdes und Enkel des Königs Tigranes, durch meinen damaligen Stiefsohn Tiberius Nero zu übergeben. Als das gleiche Volk später abtrünnig wurde und sich auflehnte, habe ich es durch meinen Sohn Gaius unterwerfen lassen und übergab dann die Herrschaft König Ariobarzanes, dem Sohn des Mederkönigs Artabazes, und nach dessen Tod seinem Sohn Artavasdes. Nach dessen Ermordung sandte ich den Tigranes in dieses Reich, einen Spross aus dem armenischen Königsgeschlecht. Alle Provinzen, die jenseits des adriatischen Meeres nach Osten liegen, und Kyrene, alles Gebiete, die damals zum großen Teil in der Hand von Königen waren, habe ich ebenso zurückgewonnen wie vorher Sizilien und Sardinien, die beide im Sklavenkrieg besetzt worden waren.

28. Veteranenkolonien habe ich in den Provinzen Afrika, Sizilien, Makedonien, in beiden Spanien, Griechenland, Kleinasien, Syrien, der Gallia Narbonensis und in Pisidien angelegt. Italien aber besitzt 28 auf meinen Auftrag hin gegründete Kolonien, die alle schon zu meinen Lebzeiten sehr reich bevölkert waren und in höchster Blüte standen.

[29] Signa militaria complura per alios duces amissa devictis hostibus recepi ex Hispania et Gallia et a Dalmateis. Parthos trium exercitum Romanorum spolia et signa reddere mihi supplicesque amicitiam populi Romani petere coegi. Ea autem signa in penetrali, quod est in templo Martis Ultoris, reposui.

[30] Pannoniorum gentes, quas ante me principem populi Romani exercitus nunquam adit, devictas per Ti. Neronem, qui tum erat privignus et legatus meus, imperio populi Romani subieci protulique fines Illyrici ad ripam fluminis Danui. Citra quod Dacorum transgressus exercitus meis auspicis victus profligatusque est, et postea trans Danuvium ductus exercitus meus Dacorum gentes imperia populi Romani perferre coegit.

[31] Ad me ex India regum legationes saepe missae sunt non visae ante id tempus apud quemquam Romanorum ducem. Nostram amicitiam appetiverunt per legatos Bastarnae Scythaeque et Sarmatarum, qui sunt citra flumen Tanaim et ultra, reges, Albanorumque rex et Hiberorum et Medorum.

[32] Ad me supplices confugerunt reges Parthorum Tiridates et postea Phrates, regis Phratis filius, Medorum Artavasdes,

29. Eine ganze Reihe von Feldzeichen, die durch andere Feldherrn verloren gegangen waren, habe ich durch Siege über die Feinde zurückgewonnen, und zwar aus Spanien, Gallien und von den Dalmatern. Die Parther habe ich gezwungen, mir Beute und Feldzeichen von drei römischen Heeren herauszugeben und demütig um die Freundschaft des römischen Volkes zu bitten. Diese Feldzeichen aber habe ich ganz im heiligsten Inneren des Tempels des Mars Ultor aufstellen lassen.

30. Die Völkerschaften Pannoniens, zu denen vor meiner Herrschaft als erster Mann im Staat noch nie ein Heer des römischen Volkes vorgedrungen ist, habe ich dem Herrschaftsgebiet des römischen Volkes unterworfen, nachdem sie von Tiberius Nero, der damals mein Stiefsohn und Statthalter war, besiegt worden waren; dabei habe ich die Grenzen der Provinz Illyrien bis zum Ufer des Flusses Donau vorgeschoben. Als ein Heer der Daker diesen Fluss überschritten hatte, wurde es unter meiner Führung besiegt und vernichtet, und später ist mein Heer über die Donau geführt worden und hat die dakischen Volksstämme gezwungen, sich der Herrschaft des römischen Volkes zu fügen.

31. Zu mir sind oft Gesandte von Königen aus Indien geschickt worden, wie sie vorher noch nie bei irgendeinem römischen Feldherrn gesehen worden waren. Um unsere Freundschaft baten durch Abgesandte die Bastarner und Skythen, die Könige der Sarmaten, die an beiden Ufern des Flusses Tanais leben, und ebenso die Könige der Albaner, der Hiberer und der Meder.

32. Zu mir nahmen demütig bittend ihre Zuflucht: die Partherkönige Tiridates und später Phraates V., der Sohn des Kö-

Adiabenorum Artaxares, Britannorum Dumnobellaunus et Tincommius, Sugambrorum Maelo, Marcomanorum Sueborum *(zerstörte Textstelle ...rus)*. Ad me rex Parthorum Phrates, Orodis filius, filios suos nepotesque omnes misit in Italiam non bello superatus, sed amicitiam nostram per liberorum suorum pignora petens. Plurimaeque aliae gentes expertae sunt p. R. fidem me principe, quibus antea cum populo Romano nullum extiterat legationum et amicitiae commercium.

[33] A me gentes Parthorum et Medorum per legatos principes earum gentium reges petitos acceperunt: Parthi Vononem, regis Phratis filium, regis Orodis nepotem, Medi Ariobarzanem, regis Artavazdis filium, regis Ariobarzanis nepotem.

[34] In consulatu sexto et septimo, postquam bella civilia exstinxeram, per consensum universorum potitus rerum omnium, rem publicam ex mea potestate in senatus populique Romani arbitrium transtuli. Quo pro merito meo senatus consulto Augustus appellatus sum et laureis postes aedium mearum vestiti publice coronaque civica super ianuam meam fixa est et clupeus aureus in curia Iulia positus, quem mihi senatum populumque Romanum dare virtutis clementiaeque et iustitiae et pietatis caussa testatum est per eius clupei inscriptionem. Post id tempus auc-

nigs Phraates IV.; der Mederkönig Artavasdes; Artaxares, der König von Adiabene; aus Britannien die Fürsten Dumnobellaunus und Tincommius; der Fürst der Sugambrer Maelo; aus dem Land der suebischen Markomannen der *(zerstörte Textstelle ...rus)*.

Der Partherkönig Phraates, Sohn des Orodes, sandte mir alle seine Söhne und Enkel nach Italien, nicht weil er im Krieg besiegt worden wäre, sondern weil er durch seine Kinder als Unterpfand unsere Freundschaft zu erlangen hoffte. Und noch sehr viele andere Völker haben, als ich der erste Mann im Staate war, die Zuverlässigkeit und die Vertragstreue des römischen Volkes erfahren können, alles Völker, die vorher nie in freundschaftlichen Beziehungen zu dem römischen Volk gestanden oder durch Gesandtschaften mit ihm verkehrt hatten.

33. Von mir nahmen die Völker der Parther und Meder die Könige an, um die sie mich durch Gesandte, führende Leute dieser Länder, gebeten hatten: die Parther den Vonones, den Sohn des Königs Phraates und Enkel des Königs Orodes; die Meder den Ariobarzanes, Sohn des Königs Artavasdes und Enkel des Königs Ariobarzanes.

34. Nachdem ich die Flammen des Bürgerkrieges gelöscht und mit der Zustimmung aller alle Macht im Staat in Händen gehalten hatte, habe ich in meinem sechsten und siebten Konsulat die Leitung der Republik aus meiner Amtsgewalt wieder in die freie Entscheidung des Senats und des römischen Volkes zurückübertragen. Für dieses mein Verdienst ist mir durch den Beschluss des Senats der Titel Augustus verliehen worden, dafür wurden die Türpfosten meines Palasts auf einen öffentlichen Beschluss hin mit Lorbeer bekränzt und ein

toritate omnibus praestiti, potestatis autem nihilo amplius habui quam ceteri, qui mihi quoque in magistratu conlegae fuerunt.

[35] Tertium decimum consulatum cum gerebam, senatus et equester ordo populusque Romanus universus appellavit me patrem patriae, idque in vestibulo aedium mearum inscribendum et in curia Iulia et in foro Aug. sub quadrigis, quae mihi ex s.c. positae sunt, censuit. Cum scripsi haec, annum agebam septuagensumum sextum.

Bürgerkranz wurde über meiner Tür angebracht. Außerdem wurde in der Curia Iulia ein goldener Schild aufgestellt, auf dessen Inschrift bezeugt wird, dass dieser mir in Anerkennung meiner Tapferkeit und Milde, meiner Gerechtigkeit und meines Pflichtbewusstseins vom römischen Senat und Volk verliehen worden ist.

Seit dieser Zeit stand ich an Ansehen allen voran, hatte aber an Machtbefugnis nicht mehr als alle anderen, die gerade mit mir zusammen als Kollegen ein Amt bekleideten.

35. Als ich zum dreizehnten Mal das Konsulat innehatte, haben mich der Senat, der Ritterstand und das ganze römische Volk zum »Vater des Vaterlandes« ernannt und beschlossen, dass dies in der Vorhalle meines Palasts, in der Curia Iulia und auf dem Augustusforum unter dem Viergespann, das mir dort durch Senatsbeschluss errichtet worden ist, auf einer Inschrift verewigt werden sollte.

Als ich dies hier schrieb, stand ich im sechsundsiebzigsten Lebensjahr.

Appendix

[1] Summa pecuniae, quam dedit vel in aerarium vel plebei Romanae vel dimissis militibus: denarium sexiens milliens.

[2] Opera fecit nova aedem Martis, Iovis Tonantis et Feretri, Apollinis, divi Iuli, Quirini, Minervae, Iunonis Reginae, Iovis Libertatis, Larum, deum Penatium, Iuventatis, Matris Magnae, Lupercal, pulvinar ad circum, curiam cum Chalcidico, forum Augustum, basilicam Iuliam, theatrum Marcelli, porticum Octaviam, nemus trans Tiberim Caesarum.

[3] Refecit Capitolium sacrasque aedes numero octoginta duas, theatrum Pompei, aquarum rivos, viam Flaminiam.

[4] Impensa praestita in spectacula scaenica et munera gladiatorum atque athletas et venationes et naumachiam et donata pecunia colonis, municipiis, oppidis terrae motu incendioque consumptis aut viritim amicis senatoribusque, quorum census explevit, innumerabilis.

Anhang (Appendix)

1. Die Gesamtsumme der Gelder, die er der Staatskasse, der römischen Bevölkerung *(plebs)* oder den Veteranen hat zukommen lassen, belief sich auf 600 Millionen Denare.

2. An neuen Bauwerken ließ er errichten: die Tempel des Mars, des Iuppiter Tonans und des Iuppiter Feretrius, des Apollo, des vergöttlichten Iulius, des Quirinus, der Minerva, der Iuno Regina, des Iuppiter Libertas, der Laren, der göttlichen Penaten, der Iuventas und der Magna Mater; ebenso das Lupercal, das Pulvinar beim Circus, die Curia mit dem Chalcidicum, das Augustusforum, die Basilica Iulia, das Marcellustheater, die Octavische Säulenhalle und den Caesarenhain jenseits des Tiber.

3. Wiederhergestellt hat er: das Kapitol und 82 Heiligtümer, das Theater des Pompeius, die Wasserleitungen und die Via Flaminia.

4. Die Aufwendungen, die er für Theateraufführungen, Gladiatorenspiele, Athletenvorführungen, Tierhetzen und eine Seeschlacht erbracht hat, sowie die Geldbeträge, die er an Siedlungen, Gemeinden und Städte, welche von einem Erdbeben oder einem Brand verwüstet worden waren, oder die Beträge, die er persönlich Freunden und Senatoren zukommen ließ, deren Vermögen er damit wieder auffüllte, die sind nicht zu berechnen, so viele sind es.

KOMMENTAR

Überschrift

Das Original am Mausoleum des Augustus auf dem Marsfeld hatte wohl keine Überschrift und kann allemal erst nach Augustus Tod fertiggestellt worden sein, da darin schon vom *divus Augustus* gesprochen wird. Zu einer Gottheit erhoben *(= Konsekration)* wurde er aber erst am 17. Sept. 14 n. Chr., wahrscheinlich von seinem Nachfolger *Tiberius*. Der Titel gibt sich als getreue Abschrift *(exemplar)* des Originals, das sicher nicht auf zwei ehernen Pfeilern *(in duabus aheneis pilis)* eingraviert war, was in Rom nicht üblich war, sondern auf Bronzetafeln, die in zwei Marmorpfeiler am Eingang eingelassen waren. Dass der Text in Bronze gegossen war, stellt ihn gleich mit den alten römischen Gesetzestafeln und anderen wichtigen offiziellen Staats-Dokumenten und suggeriert Beständigkeit auf ewige Zeiten und sakrale Erhabenheit.

Sueton schreibt in seiner Kaiserbiografie *(Aug. 101)*:

»Sein Testament, welches er ein Jahr und vier Monate vor seinem Tode am dritten April unter dem Konsulat des Lucius Plancus und Gaius Silius gemacht und in zwei Abteilungen teils eigenhändig, teils durch die Hand der Freigelassenen Polybius und Hilarion geschrieben hatte, brachten die Vestalischen Jungfrauen, bei denen es niedergelegt war, nebst noch drei anderen in gleicher Weise versiegelten Schriftrollen zum Vorschein. Alle diese Schriftstücke wurden im Senat eröffnet und vorgelesen … Von den erwähnten Schriftstücken enthielt das zweite ein Verzeichnis seiner Taten *(index rerum gestarum)*, welches nach seinem Willen in Erztafeln eingraviert und vor dem Mausoleum aufgestellt werden sollte *(indicem rerum a se gestarum, quem vellet incidi in aeneis tabulis, quae ante Mausoleum statuerentur)*.«

Von alledem ist nichts erhalten geblieben.

1.–2. Aufstieg zur Macht

Der Tatenbericht des Augustus beginnt und endet mit einer Altersangabe, welche wie eine Klammer wirkt. Die beiden Anfangskapitel (1 und 2) und die beiden Schlusskapitel (34 und 35) bilden den Rahmen, innerhalb dessen sich das ganze politische Leben des Augustus abspielt, angefangen vom jungen Privatmann Octavian bis hin zum *pater patriae*, wobei das Private nur ansatzweise zum Vorschein kommt, wie z.B. in Kap. 14, wo er den Tod seiner beiden Enkel und erhofften Nachfolger beklagt, die das Schicksal ihm so früh entrissen habe.

Augustus beschreibt seinen Aufstieg zur Macht im Staat sachlich und sehr allgemein, geht auf keine Einzelheit ein und nimmt keinen direkten Bezug zu historischen Ereignissen; vor allem erwähnt er die agierenden Personen nicht namentlich. Der schlichte Stil des Rechenschaftsberichts soll wie eine Aneinanderreihung von Tatsachen erscheinen, wobei Unvorteilhaftes verschwiegen oder geschönt wird, und Tatsachen geradezu verdreht werden. Aus dem reinen Rechenschaftsbericht wird eine Selbstdarstellung des Augustus, der sich vor der Nachwelt als reine Lichtgestalt darstellt, als ein nachahmenswertes Beispiel ohne Fehl und Tadel.

Als Caesar am 15. März 44 v. Chr. ermordet wurde, hielt sich Octavian, der spätere Augustus, zur wissenschaftlichen und militärischen Ausbildung in Illyrien auf. Nachdem er vom Tod seines Adoptivvaters erfahren hatte, brach er sogleich nach Italien auf, wo er Näheres über Caesars testamentarische Bestimmungen erfuhr. Er war sofort bereit, die ihm zugefallene Erbschaft anzutreten, nannte sich von nun an *Gaius Iulius Caesar* und machte sich auf den Weg nach Rom, um dort seine Ansprüche geltend zu machen. In der Geschichtsschreibung wurde er von nun an Octavian genannt. Marcus Antonius aber, Unterfeldherr Caesars und dessen Mitkonsul 44 v. Chr., betrachtete sich gleichfalls als legitimer Nachfolger und Erbe Caesars und war nicht gewillt, auf seine Ansprüche zu verzichten und den jungen Nebenbuhler um die Herrschaft anzuerkennen; um Antonius herum scharten sich Caesars Anhänger. Als sich Marcus Antonius weigerte, das Vermögen Caesars an dessen Adoptivsohn und Erben auszuhändigen und er sich durch seine Willkürherrschaft bei der Senatsmehrheit, besonders bei Marcus Tullius Cicero, unbeliebt machte, ergriff der junge Caesarerbe die Initiative. Er verließ Rom, um Unterstützung beim Militär zu suchen. Er zahlte Caesars Veteranen das im Testament vorgesehene Geld aus, wofür er auf die für den Partherkrieg vorgesehene Kriegskasse zurückgriff, aber auch Geld aus Versteigerungen eigener Güter aufwandte. Während Cicero Marcus Antonius in einer Reihe von Reden, den *Philippica*, angriff und ihn, der als Konsul eigentlich legitimierter Befehlshaber war, als Staatsfeind proklamierte, sammelte der junge Octavian aus den Veteranen Caesars ein Heer um sich – eigenmächtig *(privato consilio)* und auf eigene Kosten (*privata impensa*), wie er es nennt. Mit diesen Truppen erschien er vor Rom und bot seine private Militärmacht dem Senat an. In der Annahme, mit diesem nicht legitimierten Heer könne die republikanische Sache gestärkt werden, nahm der Senat unter der Führung Ciceros den Neunzehnjährigen in seine Reihen auf, gab ihm den konsularischen Rang bei Abstimmungen, stattete ihn mit der nötigen Legitimation aus und gab ihm am 1. Jan. die Vollmachten eines Proprätors; zusammen mit den Konsuln hatte er den Oberbefehl (*imperium*) und das *senatus consultum ultimum* (kurz: *scu* = letzter Beschluss des Senats). Dieses war die Verhängung des Notstandes und gab den Konsuln außerordentliche, geradezu diktatorische Vollmachten mit der traditionellen Formel: *Videant consules, ne quid res publica detrimenti capiat* (»Die Konsuln sollen dafür sorgen, dass der Staat keinen Schaden nehme.«) Außerdem gestattete man ihm die Übernahme aller Ämter zehn Jahre vor dem gesetzlich festgelegten Mindestalter. Er wurde nach Mutina (Modena) gesandt; dort versuchten die Konsuln Hirtius und Pansa den von Antonius belagerten Caesarmörder Decimus Brutus zu befreien, der als Statthalter seine Provinz *Gallia Cisalpina* (d. h. das diesseitige Gallien = Oberitalien) verteidigte. Octavian errang dort mit den Konsuln im April 43 v. Chr. einen großartigen Sieg, den er in seinem Rechenschaftsbericht nur sich allein als geradezu geschichtliche Tat zuschreibt, nämlich den Staat aus der Gewaltherrschaft eines einzelnen errettet und ihm die Freiheit wiedergegeben zu haben; hierbei stehen sich die beiden Begriffe *dominatio* (Gewaltherrschaft und nicht Herrschaft aufgrund einer Amtsgewalt) und *libertas* (Freiheit) als politische Schlagwörter konträr gegenüber.

Marcus Antonius konnte mit den Resten seines Heeres ins südliche Gallien *(Gallia Narbonensis)* entkommen und den nachrückenden Decimus Brutus mithilfe von Caesars ehemaligem Reiterführer Marcus Aemilius Lepidus besiegen. Beide Konsuln waren in der Schlacht von Mutina gefallen. Doch der

Senat verweigerte Octavian nach dessen Sieg den weiteren Oberbefehl und das von ihm geforderte Konsulat für das kommende Jahr. Zwar durfte er alle Ämter zehn Jahre vor dem Mindestalter bekleiden, aber für einen Neunzehnjährigen war das Amt des Konsuls, dessen Mindestalter 43 Jahre betragen musste, noch in weiter Ferne, zumal man die Sprossen der Ämterlaufbahn, des *cursus honorum*, vom Quästor bis zum Konsul, nach und nach erklimmen sollte. Octavian marschierte daraufhin im August des Jahres 43 v. Chr. mit seinem Heer nach Rom und erzwang sich mit Waffengewalt seine Einsetzung als Konsul für das Folgejahr; die Caesarmörder ließ er ächten und verurteilen.

Aber schon im November desselben Jahres wechselte er offen die Fronten und bildete mit seinem ehemaligen Gegner Antonius, dessen Macht wieder erstarkt war, und mit dem Reiterführer Marcus Aemilius Lepidus ein Triumvirat, wie es sein Adoptivvater Caesar schon mit *Pompeius* und *Crassus* 60 v. Chr. getan hatte. Dieses Zweite Triumvirat (vgl. Kap. 7) hatte die Neuordnung des Staates und vor allem die Bestrafung der Caesarmörder zum Ziel. Erst räumten die *tresviri rei publicae constituendae* durch Proskriptionen (vgl. Kap. 3) mit ihren Gegnern im Staat auf – meist waren dies republikanische Führungskräfte –, wobei Octavian ohne Skrupel sogar Cicero, der ihm politisch und rhetorisch mit seinen Reden zur Macht verholfen hatte, auf die Todesliste setzte; der große Redner und Philosoph fiel schon am 7. Dez. 43 v. Chr. seinen Häschern in die Hände und wurde ermordet. Die Säuberungen und Umwälzungen im Senat und in der Magistratur, den höchsten Ämtern in der Republik, hatten die republikanisch gesinnten Kräfte der römischen Führungsschicht erheblich geschwächt und den Weg für eine Alleinherrschaft geebnet.

Nachdem sie sich so aller Gegner entledigt, deren Vermögen an sich gerissen und deren nun vakante Stellen mit ihren loyalen Anhängern besetzt hatten, gingen sie daran, mit den Mördern Caesars abzurechnen. Zuvor aber noch brachte der römische Senator *Quintus Pedius* auf Betreiben von Octavian ein Gesetz *(Lex Pedia)* ein, das dem Kampf gegen die Caesarmörder einen legalen Anstrich geben sollte, was der Princeps mit *iudiciis legitimis* (»nach gesetzmäßigem Urteilsspruch«) ausdrückt. Diese hatten sich unter der Führung von *Marcus Iunius Brutus* und *Gaius Cassius* in den Osten des römischen Reiches abgesetzt und waren nun nach Westen zur Entscheidungsschlacht vorgerückt. »Bei *Philippi* sehen wir uns wieder!« soll der Geist Caesars seinem Mörder Brutus im Traum zugerufen haben. Im Oktober/November 42 v. Chr. fand westlich dieser Stadt im Nordosten Griechenlands die Doppelschlacht zwischen den Caesarmördern Marcus Iunius Brutus und Gaius Cassius Longinus auf der einen Seite und den Triumvirn Marcus Antonius und Octavian auf der anderen Seite statt. Brutus und Cassius wurden geschlagen und begingen Selbstmord.

Wie es weiterging, berichtet Augustus in anderen Kapiteln, aber nicht in chronologischer Folge: Die Sieger teilten sich das Reich neu auf: Antonius bekam zusätzlich zu Gallia Comata die Narbonensis und gab dafür die Gallia cisalpina auf, die fortan gemeinsam mit Italien verwaltet wurde. Lepidus fielen die beiden nordafrikanischen Provinzen zu – damals die Kornkammer Roms. Octavian erhielt die beiden spanischen Provinzen und die schwierige Aufgabe, die Veteranen in Italien anzusiedeln, das von den Triumvirn gemeinsam verwaltet wurde.

Doch schon bald kam es zum Zerwürfnis: Mit Lucius, dem Bruder von Marcus Antonius, führte Octavian den *Perusini-*

schen Krieg (vgl. Kommentar zu Kap. 3); darauf kam es zum *Sizilischen Krieg* mit Sextus Pompeius (vgl. Kap. 16 und 25), bis schließlich die Entscheidung gegen Antonius und Kleopatra in der Schlacht von *Actium* fiel (vgl. Kap. 4, 24, 27) und damit der Weg für den künftigen Princeps endgültig frei war.

Die beiden Anfangskapitel der *Res Gestae* beschreiben den schrittweisen Aufstieg von Octavian zur Macht kurz und bündig, wobei Auslassungen und Schönfärbereien ihn als den idealen Staatsmann erscheinen lassen, der den langen Weg zur Befreiung Roms allein und völlig rechtmäßig beschritten hat.

Schönfärberei, Wahrheitsverdrehungen und Auslassungen sind:

Octavian benutzte nicht nur eigene Mittel zu Rekrutierung der Veteranen, sondern auch Gelder aus der Kasse zum geplanten Partherkrieg.

Die politische Machtgruppe, die laut Augustus durch ihre Gewaltherrschaft den Staat unterdrückte, sind die Anhänger von Antonius, und der ist der rechtmäßige Konsul. Also wendet sich Octavian gegen die herrschende Autorität. Dass er mit seinem Heer gegen Rom marschiert, kommt einem Staatsstreich gleich.

Als die Konsuln gefallen waren, fordert Octavian das Konsulat für sich; außerdem soll die Verurteilung des Antonius zum Staatsfeind rückgängig gemacht werden. Als der Senat ihm das verweigert, zieht Octavian mit seinen Truppen nach Rom. Ohne militärische Mittel ist der Senat gezwungen, auf die Forderungen einzugehen. Das Volk wählte Octavian folglich aufgrund des militärischen Drucks und nicht freiwillig, wie er es glauben machen will. In der Republik war es üblich gewesen, dass der Befehlshaber nach Ablauf seines Kommandos das *imperium*, die unumschränkte Befehlsgewalt vor dem *pomerium*, der Stadtgrenze, abgab, das Heer entließ und als Privatmann die Stadtgrenze Roms überschritt. *Lucius Cornelius Sulla* (138–78 v. Chr.) entließ bei seiner Rückkehr von einem Feldzug als erster das Heer nicht und ließ es gegen Rom marschieren, um dort seine Gegner auszuschalten. Ebenso wie Sulla setzte Caesar 49 v. Chr. sein Heer gegen Rom in Marsch, als der Senat ihn von seinem Feldzug in Gallien abberufen hatte. Und Octavian hatte seine Privatarmee sogar zweimal nach Rom marschieren lassen – einmal vor und einmal nach der Schlacht von Mutina.

Wie fast immer stellt sich Augustus als alleinigen Sieger dar, ohne die Mithilfe anderer zu erwähnen. Selbst in Kap. 3 wird Antonius mit keinem Wort erwähnt, obwohl er doch den Hauptanteil am Sieg in der Doppelschlacht von Philippi hatte. In der ersten Schlacht wurden die Truppen Octavians geschlagen, in der zweiten siegte Antonius. Es ging sogar das Gerücht, Octavian selbst habe an keiner der beiden Schlachten von Philippi teilgenommen

Die Zeit des Triumvirats, das im November 43 v. Chr. begann und in dem die drei Triumvirn eine fast unbegrenzte Machtfülle innehatten, wird in den *Res Gestae* zwar namentlich erwähnt, aber nicht weiter ausgeführt.

Die Proskriptionen zu Beginn des Triumvirats finden mit keinem einzigen Wort Erwähnung.

Unerwähnt bleiben auch die Schwierigkeiten, die Augustus nach der Schlacht von Philippi mit der Versorgung und Ansiedlung der Veteranen hatte (vgl. Kap. 16).

3. Kriege und Siege kurz erwähnt

Die erwähnten Bürgerkriege sind fünf: den um die Schlacht von Mutina 43 v. Chr., von Philippi 42 v. Chr., der Perusinische Krieg 41/40 v. Chr., der Sizilische Krieg gegen Sextus

Pompeius 38–36 v. Chr. und der Ptolemäische Krieg gegen Antonius und Kleopatra mit der Schlacht von Actium 31 v. Chr. und der Einnahme Alexandrias ein Jahr später. Letzteren kann man auch zu den auswärtigen Kriegen zählen, da ja Kleopatra und nicht Antonius der Krieg erklärt worden war. Die Kriege gegen auswärtige Gegner erwähnt Augustus in den Kap. 26–30.

Wenn Augustus davon spricht, dass er seinen Gegner gegenüber Schonung gewährte, spielt er auf eine viel gepriesene Tugend seines Adoptivvaters an.

Die Milde und Nachsichtigkeit Caesars *(clementia Caesaris)* gegenüber besiegten Gegnern ist nämlich sprichwörtlich geworden. Der Senat wollte ihm aus Dankbarkeit für die im Bürgerkrieg gezeigte *clementia* sogar einen Tempel errichten lassen *(Plutarch, Caesar 57)*. Es ist unklar, ob dieser Tempel je gebaut wurde, auf Münzen wurde er jedenfalls gezeigt.

Auch am Ende seines Tatenberichts in Kap. 34 kommt der Princeps wieder darauf zu sprechen, wobei er dort den Begriff *clementia* wörtlich benutzt. Nach der Schlacht von Actium erhielt Octavian einen Eichenkranz und einen Ehrenschild wegen der Rettung von Bürgern. Vom Schonen *(parcere)* des Gegners, der sich unterworfen hat, spricht auch Vergil in seiner *Aeneis* (vgl. Kap. 26).

Der Princeps hatte allerdings in den Jahren, als er nach der Macht im Staate gegriffen hatte, diese Schonung des Gegners nicht gezeigt. Sein grausames Wüten nach der Schlacht bei Philippi 42 v. Chr. wird von den Geschichtsschreibern erwähnt. Er habe einen Vater und dessen Sohn, die um ihr Leben baten, darum losen lassen, welcher von beiden begnadigt werden solle. Dann habe er zugesehen, wie nach der Hinrichtung des Vaters dessen Sohn Selbstmord beging. Brutus'

Leichnam ließ er enthaupten, um den Kopf bei der Caesar-Statue in Rom niederlegen zu lassen, doch das Schiff mit Brutus' Kopf ging unter. Im Perusinischen Krieg hat er nach dem Fall der Stadt Perusia zahlreiche Senatoren mit der zynischen Bemerkung »Nunc moriendum est« (»Jetzt muss gestorben werden«) hinrichten lassen, und das just am 15. März 40 v. Chr., an den berühmten Iden des März. Der Philosoph *Seneca (de clementia 1, 11)* weist darauf hin, dass Augustus zwar milde war, aber erst nach den Ereignissen von Perusia und den Proskriptionen während seines Triumvirats, denen 300 Senatoren und 2000 Ritter zum Opfer fielen – wovon kein Wort in seinem Tatenbericht zu finden ist.

Unter die 500 000 Soldaten sind diejenigen zu zählen, die vom Triumvirat bis zu seinem Tod unter seinen Fahnen gekämpft hatten, dann noch die von Lepidus und Antonius zu ihm übergelaufenen. Man vermutet, dass 120 000 Veteranen vor der Schlacht von Actium, 180 000 nach Actium und der Rest zwischen 29 v. Chr. und 14 n. Chr. von ihm in Kolonien sesshaft gemacht wurden (zu den Veteranenkolonien vgl. Kap. 16).

Die erbeuteten Schiffe sind besonders wichtig, da sie seinen Ruf als Eroberer bestärken sollen. Die Schiffsschnäbel oder Rammsporne *(rostra)* der gekaperten Schiffe wurden traditionsgemäß als Trophäen an der Rednerbühne auf dem Forum befestigt, weshalb diese Bühne, von der aus die Politiker ihre Reden ans Volk hielten, auch nur *rostra* genannt wurde. Die *rostra Augusti* wurde schon unter Caesar begonnen und unter dem Princeps erweitert und war die wesentliche Bühne für repräsentative Auftritte der späteren römischen Kaiser auf dem Forum.

4. Triumphator und Imperator, Konsul und Träger der tribunizischen Amtsgewalt

Die *Ovatio* war die kleinere Form des Triumphzuges. Dabei durfte der Triumphator statt des Lorbeerkranzes und der purpurnen Toga nur einen Myrtenkranz und eine mit Purpurstreifen besetzte Toga tragen. Auch stand der siegreiche Feldherr nicht wie bei einem großen Triumphzug auf dem Wagen, sondern legte den Weg auf einem Pferd reitend oder gar zu

Einzug eines Triumphators in Rom

Fuß und ohne sein Heer zurück und er opferte statt eines Stieres ein Schaf. Octavian erhielt seine erste *Ovatio* 40 v. Chr. nach der Schlacht von Philippi und die zweite 36 v. Chr. nach seinem Sieg über *Sextus Pompeius* (vgl. Kap. 25), also beide Male nicht für den Sieg über einen ausländischen Gegner.

Der große *kurulische Triumph* wurde dem siegreichen Feldherrn vom Senat gewährt; Kriterien hierfür waren u. a. eine mitgebrachte Beute; der Imperator musste außerdem ein *imperium* als Konsul, Diktator oder Prätor haben, er musste die *Auspizien*, die den Willen der Götter durch Vorzeichen meist aus dem Flug der Vögel verkünden (vgl. Kap. 7), vor der Schlacht selbst wahrgenommen haben und er musste als Zeichen des Kriegsendes seine Armee nach Rom zurückgebracht haben. Der Zug führte dann vom Marsfeld über das Forum bis hoch zum Kapitol, wo das Sühn- und Dankopfer abgehalten wurde, voran der Senat und die Magistrate, gefolgt von der Kriegsbeute, schließlich die goldenen Kränze und andere Ehrengaben für den siegreichen Feldherrn. Vor dessen Triumphwagen schritten festlich geschmückte Opfertiere und die vornehmsten Gefangenen der besiegten Feinde. Der Triumphator stand in goldbesticktem Purpurgewand, das elfenbeinerne Adlerzepter in der Hand, auf seinem Prunkwagen, der von vier weißen Pferden gezogen wurde. Der Lorbeerkranz auf seinem Kopf wies ihn als Verkörperung von Iuppiter selbst aus, dem der Triumphzug eigentlich galt. Den Schluss des Zuges bildete, ebenso mit Lorbeer geschmückt, das siegreiche Heer, das Siegesgesänge oder Spottlieder auf den Feind erklingen ließ. Ein Sklave stand hinter dem Triumphator auf dem Wagen und hielt ihm die sonst im Iuppiter-Tempel aufbewahrte Goldkrone über das Haupt und mahnte ihn ununterbrochen: *Respice post te, hominem te esse memento* (»Sieh dich um; denke daran, dass auch du nur ein Mensch bist!«). Auf dem Kapitol legte er danach den Lorbeer von den Rutenbündeln ab. Diese mit Lederriemen umschnürten Rutenbündel (*fasces*, woher der Name *Faschismus* stammt), in die noch Beile gesteckt wurden, waren Abzeichen der Amtsgewalt und wurden von den *Liktoren* getragen, die den Konsuln oder dem Feldherrn vorangingen, um ihm den Weg zu bahnen. Nach einem Sieg wurden sie mit Lorbeer umwunden, das der Feldherr beim Dankopfer in den Schoß der Iuppiter-Statue legte.

Um den Triumph vollkommen zu machen, wurde manchmal ein Triumphbogen errichtet; in Rom erhalten sind noch die Bogen für Septimius Severus und die für die Kaiser Titus und Konstantin. Für Augustus errichtete Triumphbögen standen in Aosta (noch erhalten) und in Rom (Actiumbogen 29 v. Chr. errichtet, Partherbogen 19 v. Chr. errichtet, wovon nur Fundamentreste und Fragmente von Inschriften erhalten sind).

Augustus feierte seinen dreifachen Triumph an drei Tagen vom 13.–15. Aug. 29 v. Chr. für seine Siege in Dalmatien 35 v. Chr, bei Actium 31 v. Chr. und die Eroberung von Alexandria 30 v. Chr. Dieser Triumphzug kam dem von Pompeius 61 v. Chr. und dem von Caesar 46 v. Chr. an Glanz und Pracht gleich. Alle weiteren Triumphzüge, die man ihm anbot, hat Augustus allerdings abgelehnt.

Von den vornehmen Gefangenen, die Augustus bei diesem dreifachen Triumphzug vor sich herführen ließ, sind bekannt: die Kinder der Kleopatra *Alexander Helios* und *Kleopatra Selene*, *Alexander*, der Bruder des Königs von Emesa, und der Galaterfürst *Adiatorix* mit seiner Frau und seinen Kindern. Kleopatra selbst hatte sich dieser Erniedrigung durch ihren Freitod entzogen; ein Bild von ihr wurde aber neben ihren Kindern im Zuge mitgeführt.

Rekonstruktion des Inneren des Iuppiter-Tempels auf dem Kapitol (nach dem Neubau unter Sulla).

Eine *supplicatio* ist ein Dank- und Bittfest, das vom römischen Senat beschlossen wurde, wenn der Staat in höchster Gefahr war oder wenn den Göttern für einen großen Sieg gedankt werden sollte. Ein solches Fest, bei dem den Bürgern Zugang zu den Statuen und Heiligtümern der Götter gewährt wurde, vor denen sie dann kniefällig beteten und opferten, dauerte ursprünglich je nach der Größe des Siegs ein bis fünf Tage, in späterer Zeit wurde es auch schon mal auf zehn, 20 oder gar 50 Tage verlängert; es konnte vor oder nach dem Triumphzug stattfinden.

Ursprünglich war ein Imperator der Oberkommandierende eines Heeres, der Träger eines *imperium* (= Befehl); das Wort wurde bald zu einem Ehrentitel, den die Soldaten ihrem siegreichen Feldherrn per Akklamation verliehen; erst dann gab der Senat sein Einverständnis zu einem Triumphzug. Der Feldherr durfte den Titel *Imperator* bis zu seinem Triumphzug tragen, musste ihn danach aber genauso abgeben wie seine Befehlsgewalt über die Armee. Doch schon Gaius Iulius Caesar durfte auf Beschluss des Senats den Titel auf Lebenszeit tragen – und er wurde zum Erbtitel.

Der junge Octavian erhielt den Titel vor der Schlacht von Mutina 43 v. Chr. und im Jahre 38 v. Chr. beschloss der Princeps, diesen Titel für immer als *praenomen* (Vorname) statt *Gaius Iulius* anzunehmen. Die 21 Akklamationen zum Imperator fanden statt: 43, 41, 40, 36, 33, 31, 29, 25, 20, 15, 12, 11, 10, 8 v. Chr. und 1, 3, 6, 8, 9, 11, 13 n. Chr.

Dreizehn Mal war er Konsul: 43, 33, 31–23 und 5 und 2 v. Chr.

Zum ersten Mal wurde Augustus Konsul 43 v. Chr., nachdem die beiden Konsuln A. Hirtius und C. Pansa in der Schlacht von Mutina gefallen waren; zehn Jahre später trat er sein zweites Konsulat an und von 31–23 v. Chr. nahm er sich dieses republikanische Amt jährlich, bisweilen auch allein, ohne Amtskollegen, verzichtete aber 23 v. Chr. darauf, als ihm die tribunizische Amtsgewalt auf Lebenszeit angetragen wurde. Nur zweimal noch bekleidete er das Amt des Konsuls, jeweils für die Jahre 5 und 2 v. Chr., in den gleichen Jahren nämlich, als seine beiden Enkel Gaius und Lucius, seine großen Hoffnungsträger als Nachfolger, schon vor der üblichen Zeit von Volk und Senat zu designierten Konsuln ernannt wurden – für das Konsulat 1 bzw. 4 n. Chr. (vgl. Kap. 14). Der Großvater wollte ihnen wohl mit seinem Konsulat den Weg für ihre politische Karriere ebnen.

Augustus' Verzicht auf das Konsulat war indes kein Verzicht auf die Machtbefugnisse, denn bei der Revision der Prinzipatsverfassung am 1. Juli 23 v. Chr. ließ er sich die *tribunizische Gewalt* auf Lebenszeit (*tribunicia potestas annua et perpetua*) übertragen, also nicht das Amt eines Volkstribun, das er als Patrizier nicht bekleiden durfte, sondern dessen Amtsbefugnisse. Schon im Jahre 36 v. Chr. hatte er die Unverletzlichkeit eines Tribunen auf Lebenszeit bekommen und 30 v. Chr. weitere rechtliche Befugnisse, mit denen er dem Volk seinen Gesetzen gemäß befehligen konnte. Mit der tribunizischen Gewalt kam ihm nun das Recht zu, den Senat und Volksversammlungen einzuberufen, vor diesen Gremien Gesetze zu beantragen, sein Veto gegen die Beschlüsse dieser beiden römischen Verfassungsorgane einzulegen und den Konsuln Amtshandlungen zu verbieten. Dieser tribunizischen Amtsgewalt wurden noch alle konsularischen Sonderrechte hinzugefügt, sodass dieses Amt die eigentliche Macht des Princeps darstellte. Dadurch dass Augustus auf das Konsulat verzichtet hatte, verlor er zwar seine Weisungsbefugnis gegenüber den Prokonsuln des Senats und der senatorischen Provinzen, doch statt dieser ließ er sich gleich eine übergeordnete prokonsularische Gewalt übertragen. Wie wichtig ihm diese Quelle der Macht war, zeigt die Tatsache, dass er den Namen seinem Titel zufügt.

5. Abgelehnte und angenommene Ämter

Die *Diktatur* war während der römischen Republik ein politisches Amt mit vielen weitgehenden Vollmachten; nur in Zeiten höchster Not, vor allem im Kriegszustand, wurde auf Veranlassung des Senats von den Konsuln aus den Reihen der *Konsularen*, der gewesenen Konsuln, ein Mann zum *dictator* gewählt, der gerade durch seine ihm zeitlich übertragenen

Machtmittel den Staat retten konnte, ohne dass durch zu viele Debatten zu viel Zeit zum Handeln verloren ging. Der Diktator konnte für seine Handlungen nicht zur Rechenschaft gezogen werden, doch seine Macht wurde auf 6 Monate begrenzt, um etwaige Missbräuche erst gar nicht aufkommen zu lassen. Durch *Sulla* und *Caesar* jedoch wurde diese uneingeschränkte Vollmacht missbraucht: Lucius Cornelius Sulla hatte sich 82 v. Chr. selbst zum Diktator ernannt, beschränkte sein Amt aber nicht zeitlich und trat erst nach mehreren Jahren freiwillig davon zurück. Gaius Iulius Caesar beschränkte zwar die Amtszeit auf ein Jahr, hatte das Amt indes zwischen 49 und 46 v. Chr. dreimal inne. Als der Senat schließlich im Februar 44 v. Chr. beschloss, ihn zum Diktator auf Lebenszeit zu ernennen, führte das zu seiner Ermordung an den Iden des März im gleichen Jahr. Danach wurde eine *Lex Antonia* beschlossen, wonach das Amt weder jemanden angeboten werden, noch jemand es annehmen durfte. Trotzdem wurde Augustus in der Krisenzeit einer großen Hungersnot 22 v. Chr. das Amt vom Senat und vor allem vom Volk zweimal angetragen, der es aber ablehnte, da er sich nicht den Anschein einer Alleinherrschaft geben wollte. Ebenso hatte er es abgelehnt, das Konsulat auf Lebenszeit zu erhalten; angenommen indes hat er die Aufgabe, wofür er eigentlich zum Diktator ernannt werden sollte, nämlich das Volk in der Hungersnot mit Lebensmittel zu versorgen, was jedoch in den Aufgabenbereich der Ädilen fiel. Der Princeps kaufte in diesen Notzeiten auf eigene Kosten eine riesige Menge Getreide aus den Provinzen Afrika und Ägypten, seiner Domäne, und gab dieses wieder weit unter dem Kaufpreis ab. Dadurch hatte er es auch fertig gebracht, dass die Kornpreise, die durch Wucherer gewaltig gestiegen waren, wieder auf das normale Niveau fielen.

Allerdings brauchte der Princeps die Ämter eines Konsuls auf Lebenszeit oder eines Diktators nicht, schließlich war ihm schon 23 v. Chr. die tribunizische Amtsgewalt verliehen worden – und diese hatte er nicht abgelehnt, bildete sie doch den wirklichen Mittelpunkt seiner Herrschaftsrechte.

6. Hüter der Gesetze und Sittenwächter

In der tribunizischen Gewalt des Augustus eingeschlossen waren auch Rechte, die früher nur einem römischen *censor* zustanden. Das Amt des Censors war zu Zeiten der Republik das angesehenste im römischen *cursus honorum*, der Ämterlaufbahn. Alle fünf Jahre wurden zwei solche Censores gewählt, und nur die sittenstrengsten Konsulare, die sich besonders bewährt hatten, wurden damit betraut. Ihre Aufgabe bestand unter anderem darin, Bürgerverzeichnisse für Steuerzwecke zu erstellen, die Bürger auf die einzelnen Stände zu verteilen, sie nach ihrem Vermögen einzuschätzen und vor allem aber ihren Lebenswandel und ihre Sitten zu beurteilen und zu beaufsichtigen. Seit Sulla war allerdings das Amt der Censoren wirkungslos geworden, und Caesar schaffte es sogar zeitweilig ab. An ihre Stelle trat ein *curator legum et morum*, ein Hüter der Gesetze und Sitten, als welcher Caesar selbst auch auftrat und Gesetze erließ. Augustus lehnte nur den Titel eines solchen *curators* ab, wohl weil er nicht mit Caesar verglichen werden wollte und man ihm das Amt, das sonst kollegial besetzbar, ihm als alleinigen Träger angeboten hatte; so sehr war er darauf bedacht, auch nur den Ruch einer unrepublikanischen Haltung und Gesinnung aufkommen zu lassen. De facto aber gab ihm seine tribunizische Amtsgewalt alle Vollmachten, sich als Wahrer von Gesetz und Moral aufzuspielen; bei der praktischen Durchführung nahm er sich deshalb einen Kollegen zur Seite. *Sueton* erwähnt in seiner Biografie des Augustus *(Aug. 27,5)*, dass der Princeps das *regimen morum legumque* auf Lebenszeit angenommen habe, was der wirklichen Praxis entspricht, mit der er dieses Amt dann doch ausführte.

Bei dieser Reform der Gesetze und Rückkehr zur altrömisch strengen Moral der Vorfahren handelt es sich vor allem um die Ehegesetze (vgl. ausführlich Kap. 8).

7. *Das Zweite Triumvirat, der Titel princeps, Priesterstellen*

Das Zweite Triumvirat: Im Oktober 43 v. Chr. schlossen sich Marcus Aemilius Lepidus, Marcus Antonius und Octavian zu einem Dreimännerbündnis zusammen, das ihnen die Macht gegenüber den Caesarmördern und dem Senat sichern sollte und das Ziel hatte, den Staat neu zu ordnen. Im Gegensatz zum Ersten Triumvirat zwischen Pompeius, Caesar und Crassus, das eher einen inoffiziellen Charakter hatte und durch kein Gesetz bestätigt wurde, ließen sich die *tresviri rei publicae constituendae,* »die drei Männer zur Wiederherstellung geordneter Verhältnisse im Staat« einen Monat später nachträglich durch die *Lex Titia* fast unbeschränkte diktatorische Vollmachten vor allem im militärischen Bereich geben. Es gab wie zu Zeiten Sullas *Proskriptionen*, wobei die Namen von Geächteten auf öffentliche Listen gesetzt wurden; diese wurden für vogelfrei erklärt und jeder konnte sie ungestraft töten. Von dieser willkürlichen Maßnahme, bei der sich Octavian laut seinem Biografen *Sueton* unnachsichtiger als seine zwei Kollegen gezeigt haben soll, schweigt der Princeps in seinem Tatenbericht. Im Vertrag von Tarent 37 v. Chr. wurde dieses Zweite Triumvirat durch die *Lex Titia* um weitere 5 Jahre verlängert. Doch ein Jahr später, 36 v. Chr., enthob Octavian dann nach einem Zerwürfnis im Krieg gegen Sextus Pompeius seinen Kollegen Lepidus des Amtes, was de facto das Ende der Herrschaft der drei Männer bedeutete. Danach kam es zum Kampf mit Marcus Antonius, der mit dessen Niederlage in der Schlacht von Actium 31 v. Chr. endete. Folgt man der Angabe des Augustus in diesem Kapitel (»10 Jahre lang war ich ohne Unterbrechung Triumvir ...«), so lässt dieser das Zweite Triumvirat im Jahr 33 v. Chr. enden.

Princeps: Der Titel, mit dem sich Augustus am liebsten der Nachwelt in Erinnerung bringen wollte, war *princeps*, der erste Mann im Staat. Den Ehrentitel *princeps senatus*, »der erste des Senats«, gab es schon zu Zeiten der römischen Republik. Er war das angesehenste Mitglied dieses Gremiums, meist ein ehemaliger Konsul, der als erster um seine Meinung gebeten wurde. Er wurde aus den patrizischen Senatoren mit konsularischem Rang gewählt. Dies war kein Amt in der üblichen römischen Ämterlaufbahn vom einfachen Quästor bis zum Konsul (*cursus honorum*) und besaß auch keine Befehlsgewalt, brachte aber diesem *princeps* dank der *auctoritas* ein hohes Ansehen. Augustus war seit dem Staatsakt vom 13. Jan. 27 v. Chr., bei dem die alte Ordnung der Republik formal wiederhergestellt wurde und er offiziell den Ehrennamen *Augustus* (»der Erhabene«) vom Senat verliehen bekam, bis zu seinem Tod 14 n. Chr. *princeps senatus*.

Priesterstellen zur Pflege des Staatskults: In Rom gab es vier hohe *Priesterkollegien* (*Pontifices, Augures, Quindecimviri Sacris Faciundis und Septemviri Epulonum*), denen allen Augustus angehörte, und fünf priesterliche *Sodalitäten* (*Fetialen, Salier, fratres Arvales, sodales Titii* und *Luperci*). Außer den Saliern (vgl. Kap. 10) und den Luperci (vgl. Kap. 19) gehörte Augustus dreien von diesen priesterlichen Genossenschaften an.

1. Seit 12 v. Chr. war der Princeps als Nachfolger von *Lepidus* der *pontifex maximus* (vgl. Kap. 10). Dieser Oberpriester

gehörte zum Kollegium der *pontifices* (»Brückenbauer«), die die Aufsicht über alle Ausführungen der römischen Religion hatten, unterstand aber noch dem *rex sacrorum*, der die kultischen Handlungen vollzog. Nach Augustus fiel das Amt des *pontifex maximus* erblich jedem Kaiser zu.

2. Die *Auguren* waren vom Ursprung her Wahrsager, die ermitteln sollten, ob eine Gottheit einer Handlung zustimmt oder sie ablehnt, was sie aus gewissen Vorzeichen zu erkennen glaubten. Mit dieser der *Mantik* zugehörenden Methode suchten die Auguren den Willen der Götter vor allem aus dem Flug und dem Geschrei der Vögel zu erkunden (*Auspizien*).

3. Die *Quindecimviri sacris faciundis* (wörtl.: »Fünfzehnmänner zur Durchführung von Opfern«), ursprünglich ein Kollegium von nur zwei Priestern, wurden vom letzten römischen König *Tarquinius Superbus* eingesetzt und sollten die *Sibyllinischen Bücher* bewahren und deuten. Diese Orakelsprüche in griechischen Hexametern hatte der König angeblich einer Wahrsagerin (Sibylle) abgekauft; in Krisensituationen Roms wurden sie zu Rate gezogen und ihr dunkler Inhalt von der Priesterschaft der Fünfzehnmänner gedeutet. Sie führten daneben auch die Aufsicht über alle offiziell in Rom eingeführten fremdem Kulte, z. B. den der *Magna Mater Kybele* (vgl Kap. 19).

4. Die *Septemviri epulonum* (wörtlich: »Siebenmänner für öffentliche feierliche Mahlzeiten bei Götterfesten«), war das jüngste Priesterkollegium und wurde geschaffen, um die *pontifices* zu entlasten. Sie organisierten das Festmahl anlässlich der *ludi Romani* (»Römische Spiele«), eines der ältesten Feste im römischen Kultwesen, das jährlich vom 4.–19. Sept. zu Ehren von Iuppiter abgehalten wurde.

5. Die *Arvalbrüder, fratres arvales,* waren Angehörige einer *Sodalität*, d. h. einer priesterlichen Vereinigung, die alte Kulte

und Riten pflegte, für die die vier staatlichen Priesterkollegien nicht zuständig waren und die teils schon so archaisch waren, dass selbst die Zeitgenossen sie nicht mehr verstanden. Die Arvalbrüder waren eine zwölfköpfige Vereinigung, die den Kult der *Dea Dia*, einer alten Saatgottheit, verrichtete. Sie begannen im Mai die *Ambarvalia,* die feierliche Begehung der Saatäcker, ein Ritus, welcher deren Fruchtbarkeit erhöhen und Schaden von ihnen abwenden sollte. Diese Vereinigung, deren Bedeutung in republikanischer Zeit fast ganz verloren gegangen war, wurde 27 v. Chr. von Augustus wiederbelebt und erhielt im Rahmen des Kaiserkults neue Aufgaben.

6. Die *sodales Titii* gehen auf den sagenhaften sabinischen König *Titus Tatius* zurück und sollten die althergebrachten Kulte der *Sabiner* bewahren, ein Nachbarvolk der Römer, die der Sage nach die Töchter der Sabiner geraubt hatten, weil es nach der Gründung Roms keine Frauen in dem neuen Ort gab. Diese Priestergenossenschaft, die eine spezielle Form der Vogelschau praktizierte, war während der republikanischen Zeit nicht mehr in Erscheinung getreten und wurde von Augustus erneuert und in den Kaiserkult einbezogen

7. Die 20 *Fetialen* wachten über die Einhaltung des Völkerrechts und vor allem über die Rechtmäßigkeit einer Kriegserklärung. Augustus erneuerte den alten Brauch der Kriegserklärung, indem er 32 v. Chr. selbst als Fetiale auftrat und als solcher durch einen Lanzenwurf in ein symbolisch erklärtes Feindesgebiet Kleopatra den Krieg erklärte.

8. Vergrößerung der Zahl der Patrizier und weitere innenpolitische Maßnahmen

Innerhalb der alteingesessenen Oberschicht bildeten die Patrizier, die für sich in Anspruch nahmen, Abkömmlinge der

Gründungsväter Roms zu sein, eine Elite, die im frühen Rom die Politik bestimmte. Im Laufe der Ständekämpfe aber verloren sie nach und nach ihre führende Rolle, und zu Augustus' Zeit hatte die Unterscheidung von Patriziern und Plebejern nur noch wenig Bedeutung. Da die Zahl der Patrizier vor allem durch die Bürgerkriege stark in Mitleidenschaft gezogen worden war, viele alte Patrizierfamilien ausgestorben und vor allem jüngere Adlige in das Lager der Caesarmörder Brutus und Cassius übergelaufen waren, vergrößerte Augustus 30 v. Chr. durch die *Lex Saenia* die Zahl der Patrizier und nahm vor allem auch plebejische Familien in diesen Stand auf. Zudem brauchte Augustus im Zuge seiner Erneuerung der Sitten der Väter den alten Adel zur Stütze seines Ansehens, um an die Vorbilder der Ahnen *(exempla maiorum)* anknüpfen und so seiner Herrschaft den Glanz republikanischer Zeiten verleihen zu können. Damit folgte er dem Beispiel seines Adoptivvaters Caesar, der mit seiner *Lex Cassia* 45 v. Chr. schon einige Plebejerfamilien in den Patrizierstand erhoben hatte.

Säuberung des Senats: Die Zusammensetzung des Senats wurde durch das Erstellen der Senatsliste festgelegt, die *lectio senatus,* weshalb Augustus für die *Umbildung* das Wort *legere* gebraucht *(senatum ter legi)*. Die Aufgabe dieser *lectio senatus* fiel in der Republik in den Verantwortungsbereich des obersten Magistrats (Konsuln und Censoren). Augustus aber nimmt sich selbst das Recht dazu.

Während der Bürgerkriege waren viele unehrenhafte Männer in den Senat gekommen, der dann auf über 1000 Mitglieder angewachsen war; vor allen Dingen war das Gremium durch Gefolgsleute von Gaius Iulius Caesar und von Antonius aufgebläht worden. Dreimal bildete der Princeps den Senat um und reduzierte die Zahl seiner Mitglieder auf 600 wie in der Zeit vor den Bürgerkriegen. Insbesondere wurden aus dem Senat diejenigen Leute entfernt, die keine Freigeborenen waren, aber ebenfalls solche, die Augustus missliebig waren. Ein Senator musste ein Vermögen von einer Million Sesterzen vorweisen, standesgemäß heiraten und durfte kein Gladiator sein. Außerdem ließ Augustus Ausschüsse bilden, die die Themen der Senatssitzungen vorher berieten, und er reduzierte auch die Anzahl der Sitzungen. All diese Maßnahmen brachten ihm allerdings den Hass der ausgeschlossenen Mitglieder ein, sodass er zu dieser Zeit einen Brustpanzer unter seiner Toga tragen musste und er sich nur von einer Wache getreuer Freunde begleitet in den Senat traute.

Steuereinschätzung, Musterung und Zählung der Bürger: Ein *Census* war eine Bestandsaufnahme sämtlicher römischer Bürger und legte ihre Zugehörigkeit zu den einzelnen Ständen nach ihrem Vermögen fest; auch ihr moralisches Verhalten beurteilte er im gleichen Zuge. Da die *censores*, die dieses Verfahren alle fünf Jahre durchführen sollten, oft noch unentdeckte Vergehen einzelner Bürger feststellten, wurde der *Census* mit einem *lustrum*, einem Sühneopfer, abgeschlossen. Bei diesem Reinigungsopfer, das auf dem Marsfeld stattfand, ließ einer der Censoren drei Opfertiere (einen Eber, einen Widder und einen Stier) um das Volk herumführen und opferte sie dann dem Gott Mars. Vor Augustus war zuletzt 70 v. Chr. ein solches *lustrum* begangen worden, da der Bürgerkrieg die eigentlich alle fünf Jahre unter Aufsicht eines Censors stattfindenden Zählungen verhindert hatte. Die Wiederaufnahme des *Census* gehörte zur *renovatio* des *Princeps*, der Erneuerung der alten Sitten und Gebräuche, deren er sich des Öfteren in seinem Rechenschaftsbericht rühmt. Die von ihm erwähnten drei Zählungen fanden 28 und 8 v. Chr. sowie 14 n. Chr. statt, wobei die Zahl der römischen Bürger von Mal zu Mal anstieg. Das Bevölkerungswachstum mag auf die neuen Ehegesetze des Augustus zurückgehen und auf seine zahlreichen neuen Bürgerrechtsverleihungen.

Die im Weihnachtsevangelium (*Lukas 2,1–3*) erwähnte Volkszählung war ein *Provinzialcensus* der Provinz Syrien und des dazugehörigen Judäa und hatte mit den hier aufgeführten drei Erhebungen nichts zu tun; wie alle anderen Provinzialschätzungen wird sie auch nicht in den *Res Gestae* erwähnt. Die Worte des Evangeliums nehmen Bezug auf die Zählung, als Judäa nach der Absetzung des Herodes Archelaos direkt unter römische Verwaltung kam. Der bei Lukas erwähnte Quirinus hatte als Statthalter von Syrien diese erste Zählung überhaupt in Judäa durchzuführen, um dabei die Wirtschaftskraft der Provinz zu erfassen und die Grund- und Personalsteuer festzusetzen.

Die neuen Sitten- und Ehegesetze: Da Augustus im Vergleich zur Zeit der Vorfahren, die eine absolute Norm für ihn darstellte, einen Zerfall der Sitten erkannte, erließ er Gesetze, die eine Erneuerung der Zustände der Ahnen zum Ziel hatten. Dies konnte er auch rechtens tun, da ihn der Senat zum *curator* der Sitten und Gesetze ernannt hatte. Wie er im 6. Kapitel seines Tatenberichts kundtut, hat er das Amt zwar abgelehnt, das Ganze allerdings kraft seiner *auctorias* und seiner *tribunicia potestas* durchgeführt.

Durch diese Restauration wollte er seine eigene Zeit als eigenständige Ära an die ruhmvolle Vergangenheit Roms anknüpfen. Dass sich Rom aus einem kleinen Dorf zur Beherrscherin des gesamten Erdkreises entwickelt hatte, war seiner Ansicht nach auf dem Bewahren eines traditionellen Sitten- und Verhaltenskodex begründet.

Moribus antiquis res stat Romana virisque – »Rom hat seinen Bestand durch die alten Sitten und seine Männer«, so hatte es schon der römische Dichter *Ennius* (239–169 v. Chr.) in einem Hexameter seiner *Annalen* ausgedrückt. Auf traditionelle Werte wie *virtus, fides, auctoritas* und *pietas* gestützt, glaubte Augustus besonders durch ein striktes Festhalten an der römischen Religion Roms alte Größe wieder zu erreichen – oder sie gar zu übertreffen. Dabei waren es vor allem seine Ehegesetze, die *Lex Iulia et Papia*, die aufgrund ihrer Strenge und Kompromisslosigkeit eine einschneidende Wirkung in der römischen Familie hatten. Danach mussten Männer im Alter zwischen 25 und 60 Jahren und Frauen zwischen 20 und 50 Jahren verheiratet sein, anderenfalls hatten sie eine empfindliche Sondersteuer aufzubringen. Wenn ein Partner verstarb, musste der oder die Verbliebene binnen eines Jahres wieder heiraten. Kinderlose Ehen sollten geschieden werden. Außerdem gab es Vergünstigungen für kinderreiche Familien: Die Väter wurden schneller befördert, die Mütter wurden von ihrem Mann juristisch unabhängig. Ehebruch wurde Tatbestand des Strafrechts und konnte mit Verbannung oder dem Verlust des Vermögens bestraft werden.

Zu den neuen Gesetzen gehörten auch solche gegen Amtserschleichung, Amtsmissbrauch und gegen übermäßigen Luxus. Augusteische Ideologie ist es, dass sich der Princeps bei der Nachahmung der *exempla maiorum*, der Beispiele der Vorfahren, selbst als Beispiel vorgibt, getreu dem Postulat, das Cicero in seinem Werk über den Staat (*rep. 1, 52*) an den idealen Staatsmann stellt: Er soll dem Volk keine Gesetze auferlegen, denen er selbst nicht gehorcht, und er soll sein Leben den Bürgern gleichsam als Gesetz vorantragen. Wenn man allerdings die Skandale in der Familie des Augustus als Maßstab anlegt, konnte der Princeps privat seinen eigenen strengen Gesetzen nicht gerecht werden – dies gilt besonders für das lockere Leben seiner Tochter Iulia. Weil sie sich den Gesetzen des Vaters nicht beugen wollte, ließ der Princeps sie wegen Ehebruchs anklagen und auf die kleine Insel Pandateria im Tyrrhenischen Meer verbannen. Und er selbst war gleichfalls in seiner Jugend kein Musterknabe, was das Befolgen altrömischer Tugenden angeht; ein Beispiel hierfür ist die erzwungene Scheidung seiner Frau Livia von ihrem früheren Mann, ganz abgesehen von dem skrupellosen Verhalten, mit dem Augustus bis an die Spitze der Macht gelangt war.

9. Gelübde und Spiele für das Wohlergehen

Zeit seines Lebens war Augustus von schwacher Konstitution und überlebte manch schwere Krankheit nur knapp, sodass die Gelübde und Gebete für sein Wohlergehen wohl ernst und nicht nur ein formales Ritual gewesen waren. So erkrankte er 23 v. Chr. bei der Rückkehr von einer Inspektionsreise aus Spanien derart schwer, dass seine Umgebung mit seinem Tod rechnete. Auch an der entscheidenden Schlacht von Philippi (42 v. Chr.) gegen die Caesarmörder konnte er größtenteils wegen Krankheit nicht teilnehmen, wenngleich er sich in Kap. 2 seines Tatenberichts mit dem alleinigen persönlichen Sieg über sie brüstet. Die Praxis des Gelübdes *(votum)* war tief im römischen Staatskult verankert. So gab es Gelübde für die Gesundheit des ganzen römischen Volkes, solche zu Jahresbeginn beim Amtsantritt der neuen Konsuln und bei Kriegszügen. In Zeiten allgemeiner Gefahr und des Krieges trat man dann mit einer Bitte an die Götter heran und gelobte feierlich das Aufstellen eines Gegenstandes, der daraufhin den Göttern gehörte und heilig wurde. Bei den Gelübden für die Gesundheit des Princeps gab das Volk auch Geldspenden, die Augustus für das Aufstellen von Statuen oder für die Veranstaltung von Spielen verwendete.

Die Spiele, die anlässlich der *vota* für die Gesundheit gegeben wurden, hatten einen sakralen Anstrich und wurden alle vier Jahre abwechselnd von den jeweiligen Konsuln und Priesterkollegien veranstaltet. Es waren die ersten Spiele, die in Rom in regelmäßigem Abstand gehalten wurden und beinhalteten wohl Sportwettbewerbe, Pferderennen und Gladiatorenkämpfe.

10. Religiöse und politische Ehren und Ämter: Carmen saliare, sacrosanctitas und pontifex maximus

Carmen saliare: Augustus hatte die alte priesterliche Gemeinschaft der *Salier*, die im Dienst des Kriegsgottes Mars standen, wieder aufleben lassen. Diese waren römische Waffentanzpriester, die ihre Tänze bei Kultveranstaltungen in voller Kampfausrüstung ausführten, wobei sie meist im März zu Beginn und im Oktober gegen Ende der Feldzüge mit einem Stab auf ihre Schilde schlugen, das *carmen saliare* sangen, ein Lied in archaischem Latein, und dabei die Götter Mars, Iuppiter, Ianus und andere anriefen. In dieses Lied, dessen Latein schon Cicero nicht mehr ganz verstehen konnte, wurde 29 v. Chr., nach dem Sieg über Kleopatra, auch der Name des Augustus eingefügt, und später, nach ihrem Tod, noch die Namen weiterer Mitglieder des Kaiserhauses wie etwa die der Enkel Gaius und Lucius Caesar. Augustus erwähnt in Kap. 7 die vielen Priesterkollegien, bei denen er Mitglied war, die Gemeinschaft der Salier erscheint dort nicht.

Sacrosanctitas: Ursprünglich waren in Rom nur die Volkstribune sakrosankt, also unverletzlich. Ein Eid schützte sie, mit dem die Plebejer sich verpflichtet hatten, jeden Angriff gegen sie zu ahnden. Verletzte jemand sie, so galt er als vogelfrei und konnte von jedem getötet werden, ohne dass diesem eine Strafe drohte. Augustus wurde die Unverletzlichkeit der Person bereits 36 v. Chr. gewährt, er erlangte die volle *tribunicia potestas annua et perpetua* aber erst 23 v. Chr.; seitdem war diese Amtsgewalt, die jedes Jahr am 14. Dez. um ein weiteres Jahr automatisch verlängert wurde, fester Bestandteil seiner Macht.

Pontifex maximus: Dieses ranghöchste Amt in der römischen Priesterschaft der *pontifices* (vgl. Kap. 7) erlangte Lepidus im Mai 44 v. Chr. Da Marcus Antonius schon zu diesem Zeitpunkt die Rivalität des jungen Caesarerben Octavian fürchtete, ließ er den einflussreichen und späteren gemeinsamen Triumvirn Marcus Aemilius Lepidus durch die Volksversammlung in dieses Amt wählen, das seit der Ermordung Caesars vakant war. Nachdem Octavian nun Sextus Pompeius im Sizilischen Krieg besiegt hatte, schloss er Lepidus, mit dem er in diesem Krieg in Konflikt geraten war, aus dem Triumvirat aus, nahm ihm seinen Territorialbesitz in Afrika und seine Armee, beließ ihm jedoch sein Vermögen und das Amt des *pontifex maximus*, das er der Tradition entsprechend bis zu seinem Tod 12 v. Chr. behalten durfte. Erst dann wurde der Princeps mit überwältigender Mehrheit zum neuen *pontifex maximus* gewählt; seitdem hatte der jeweilige Kaiser dieses Amt immer inne. Wie er es mit seinem Gegenspieler Antonius handhabte, so auch mit Lepidus: er nennt ihn in seinem Tatenbericht nicht mit Namen, sondern umschreibt ihn als den Mann, der sich dieses Amtes während der Bürgerkriege bemächtigt, es also zu Unrecht besessen hätte.

11. Ehrerbietungen kultischer Art

Um die östlichen Gebiete neu zu ordnen und die dortigen Grenzen zu sichern, bricht Augustus 22 v. Chr. zu einer Inspektionsreise in den Orient auf, von der er erst 19 v. Chr.

nach Rom zurückkehrt. Zudem will er in jenen Gebieten, die Marcus Antonius vor der Schlacht von Actium beherrscht hatte, nach dem Rechten sehen. Nach einem Aufenthalt in Sizilien, wo er sich der politischen Stabilität der Insel und ersten Provinz Roms überhaupt versichert, geht es über Griechenland, Kleinasien und Bithynien nach Syrien. Als im Jahre 20 v. Chr. in Armenien ein Aufstand ausbricht, ist das für den Princeps ein willkommener Anlass, sich auch außenpolitisch zu profilieren. Er setzt König *Artaxias*, der den Parthern freundlich gesonnen ist, ab, und lässt ihn durch den römerfreundlichen *Tigranes III.* ersetzen. Diese Machtdemonstration und die Drohung eines Angriffs scheint den Partherkönig *Phraates* derart beeindruckt zu haben, dass er gleich ›freiwillig‹ die von *Crassus* in der Schlacht von *Carrhae* verlorenen gegangenen römischen Feldzeichen zurückgab (vgl. Kap. 29); es war für Augustus ein diplomatischer Erfolg ohne jegliches Blutvergießen. Bei seiner Rückkehr über Griechenland nach Rom begleitete ihn der Dichter *Vergil*, der bei der Landung in Brundisium starb. Vergil hatte das Manuskript seiner *Aeneis* dabei, das er vernichten wollte, weil er mit seinem noch nicht ganz vollendeten Werk unzufrieden war. Das Epos wurde aber vom Princeps vor der Zerstörung bewahrt, ist doch dieses ganze Werk als römisches Nationalepos eine Huldigung an den großen Erretter Roms, der darin wie eine Heilsfigur als Erlöser aus der größten Not gefeiert wird. Und aus diesem Grund war es dem Princeps für die mythische und göttliche Begründung seiner Herrscherideologie so eminent wichtig.

Augustus verzichtet auf den Triumphzug, den der Senat ihm für seine Erfolge zuerkannt hatte, und kehrt am 12. Okt. 19 v. Chr. ohne viel Aufheben in die Hauptstadt zurück. Am selbigen Tag wurde ihm der Altar der *Fortuna Redux*, der zurückführenden Glücksgöttin, gestiftet. Der Altar lag an der Via Appia nahe der Porta Capena, ist jedoch ebenso wie die Tempel von *Honos* und *Virtus* nicht mehr ausfindig zu machen. *Honos* (Ehre) und *Virtus* (»Mann«haftigkeit, Tapferkeit, Tugend) sind keine anthropomorphen Gottheiten, wie sie sonst im antiken Mythos auftauchen, sondern Personifikationen abstrakter Werte, wie sie oft in der römischen *religio* zu finden sind. Für den römischen Gott *Honos* waren mehrere Tempel in Rom errichtet worden, von denen der älteste im Jahr 233 v. Chr. Während des Krieges gegen die Ligurer gestiftet wurde. Die göttlich verehrte Personifikation der *Virtus*, die alles verkörpert, was einen *vir vere Romanus*, einen echt römischen Mann, ausmacht, ist eng mit der Personifikation der Ehre verbunden. Meist wurde *Honos* gemeinsam mit *Virtus* verehrt, wobei Honos als Jüngling mit einem Spieß oder einem Ölzweig dargestellt wurde und Virtus als Matrone mit Speer und Schwert bewaffnet.

Das Fest der *Augustalia* (oder: *ludi Augustales)* wurde ursprünglich nur mit einem Opfer, später aber auch mit Spielen veranstaltet, bekam einen festen Platz im Kalender der zahlreichen römischen *feriae* und dauerte dann vom 3.–12. Okt.

Dass Augustus 19 v. Chr. ohne Triumphzug nach Rom zurückkehrte, ist wohl auf die inneren Unruhen in der Hauptstadt zurückzuführen, auf die Augustus erst zu Beginn des nächsten Kapitels anspielt.

12. Die Ara Pacis Augustae – Die Macht der Bilder

Auf Beschluss des Senats war dem von seiner Reise in den Osten heimkehrenden Feldherrn Augustus eine Gesandtschaft unter Führung von Prätoren, Volkstribunen und dem Konsul entgegengegangen, um ihn heim zu begleiten; diese soge-

Reliefs von der Ara Pacis

nannte *Einholung* des Feldherrn war eine orientalische Tradition, die erst seit Augustus in Rom üblich werden wird. Was der Princeps jedoch nicht erwähnt, sind die Unruhen in der Hauptstadt und eine angebliche Verschwörung, zu der es gekommen sein soll, als er noch fern von Rom war. Der Ädil *Marcus Egnatius Rufus*, der bei der stadtrömischen Bevölkerung überaus beliebt war, wollte ohne die übliche Wartefrist Konsul werden, was für Augustus, der einen politischen Konkurrenten in ihm vermutete, Grund genug war, ihn der Verschwörung zu bezichtigen und hinrichten zu lassen.

Danach wechselt der Princeps in seinem Tatenbericht zu einem anderen Thema, das aber auch eine Rückkehr beinhaltet: Am 4. Juli 13 v. Chr. war Augustus von einem dreijährigen Aufenthalt in Spanien und Gallien nach Rom zurückgekommen. Er hatte in den Provinzen die Verwaltungen neu organisiert und Vorbereitungen für den kommenden Angriff auf Germanien getroffen. Der römische Dichter *Horaz* hatte für diesen Tag eigens eine *Ode* (*Carm. 4,5*) gedichtet, in der er die Freude des Volkes über die Heimkehr des Princeps zum Ausdruck bringt und ihn um einen großen Frieden bittet. Aus diesem Anlass beschloss der Senat den Bau der *Ara Pacis Augustae* auf dem Marsfeld, den Altars des augusteischen Friedens. Erst am 30. Jan. 9 v. Chr., dem Geburtstag der Livia Drusilla, seiner Frau, wurde das Gebäude aus feinstem Carrara-Marmor, das wie kein zweites die Ideologie seiner Herrschaft widerspiegelt, eingeweiht. Teile des Altars, der im eigentlichen Sinn eine Opferstätte war, wurden 1568 wiederentdeckt, und dieses Meisterwerk römischer Reliefkunst wurde dann 1938, einige hundert Meter vom ursprünglichen Standort an der Via Flaminia entfernt, rekonstruiert. Was Augustus in seinen *Res Gestae* nicht erwähnt: Mit der Ara Pacis war auf dem nördlichen Marsfeld ein Platz verbunden, der als riesige Sonnenuhr diente, das *Solarium Augusti* (*Horologium Augusti*) mit einem altägyptischen Obelisken als Zeiger. Es wurde zugleich mit der Ara Pacis eingeweiht. Mit Augustus wurde Rom die obeliskenreichste Stadt der Welt. 22 Meter hoch und 214 Tonnen schwer ist der Obelisk der Sonnenuhr. Um ihn ins Zentrum des Reiches transportieren zu können, wurden eigens Schiffe konstruiert. Am Geburtstag des Augustus wies sein Schatten direkt auf die Achse der Ara Pacis. Nachdrücklicher kann man die Verdienste des Friedenskaisers nicht herausstellen. Die Ara Pacis, das Solarium Augusti und das Mausoleum bildeten ein Ensemble auf dem Marsfeld.

Die Reliefs der Ara Pacis zeigen das Leben im römischen Reich und die Familie des Princeps in allen Bereichen. Man findet neben allegorischen Ornamenten den Helden Aeneas, auf dessen Stammbaum sich die julische Familie gern zurückführt; er bringt mit verhülltem Haupt ein Trinkopfer dar, und zwei Knaben bringen eine Sau und Früchte, im Hintergrund steht der Altar der Penaten. Der Gründungsmythos Roms wird durch die Wölfin, die Romulus und Remus säugt, dargestellt;

daneben befindet sich der Hirte Faustulus, der sich der beiden angenommen hatte, sowie ihr leiblicher Vater, der Gott Mars. Auf den Längsseiten des Altars sieht man zwei Prozessionen, die sich aufeinander zubewegen: auf der stark beschädigten Nordseite sind es die Senatoren, auf der besser erhaltenen Südseite erkennt man Mitglieder der julischen Familie, der eine Truppe von Liktoren den Weg bahnt, unter ihnen Augustus und seine Frau Livia, Agrippa sowie Gaius Iulius Caesar. Augustus ahmt in der Haltung eines Priesters seinen Ahnherrn Aeneas nach und vollzieht wohl gerade ein Opfer. An anderer Stelle erkennt man *Tellus*, die Erdgöttin und Sinnbild der Fruchtbarkeit. Sie hält zwei Kinder in den Armen und sitzt inmitten von Pflanzen und Tieren. Im Inneren, dem eigentlichen Altar, befindet sich ein kleiner Fries, auf dem eine heilige Prozession der Vestalinnen, der jungfräulichen Priesterinnen der Göttin Vesta, dargestellt ist. Das ganze Ensemble ist im vollkommensten klassischen Stil gehalten, wie man ihn auf der Akropolis in Athen antrifft, und ein Inbegriff der Harmonie und Ordnung, als welche der Princeps sein neues Zeitalter des Friedens so gern der Nachwelt vermitteln möchte.

Der Altar hatte nach der Rekonstruktion seinen neuen Platz in einem eigens dafür geschaffenen Pavillon am Tiberufer gefunden und wurde am 23. Sept. 1938, dem 2000. Geburtstag des Augustus, von Mussolini eingeweiht. Auch die *Res Gestae*, wie sie in der Nachschrift des *Monumentum Ancyranum* überliefert sind, fanden dort eine neue Stelle, nicht weit entfernt von ihrem ursprünglichen Aufstellungsort am Mausoleum des Augustus. Die in Ankara entdeckte Kopie diente als Vorlage für den neu in eine Travertinwand eingemeißelten Text, der sich über viele Meter unterhalb der Glasfront des neuen Ara-Pacis-Pavillons hinzieht. Die Idee dazu stammte von Mussolini, der 1937/38 das Areal um das *Mausoleum* des Augustus völlig neu gestalten ließ: ganze Häuserkomplexe ließ er abreißen und neue monumentale Gebäude mit riesigen Marmorfriesen und pathetischen Inschriften errichten, die ihn, den *Duce* des italienischen Faschismus, an diesem Platz, der neuen *Piazza Augusto Imperatore*, wo römische Antike und faschistische Ära vereint waren, als Nachfolger seines großen Vorbildes Augustus erscheinen lassen sollen. Es heißt sogar, dass er sich im Mausoleum des Augustus beisetzen lassen wollte.

13. Die Schließung der Tore am Ianus Quirinus – Eine Ära des Friedens beginnt

Der Gott *Ianus*, nach dem der Monat Januar benannt wurde, ist eine altrömische Gottheit, die im griechischen Pantheon keine Entsprechung hat. Ianus ist der Gott des Anfangs und des Endes, der Ein- und Ausgänge und der Tore. Er wird meist mit einem Doppelgesicht als *Ianus Geminus* (= der Doppelte) dargestellt, das nach vorn und hinten blicken kann, zeitlich auch in die Vergangenheit und in die Zukunft. Da Ianus gleichfalls dem Beginn und Ende der Kriege vorstand, bekam er nach dem alten – vermutlich sabinischen – Kriegsgott auch den Beinamen *Quirinus*. Das bedeutendste Heiligtum des *Ianus Quirinus* stand auf dem Forum Romanum und soll vom sagenhaften König Numa Pompilius (um 600 v. Chr.) erbaut worden sein. Die Tore dieses Tempels blieben geöffnet, solange sich Rom im Kriegszustand befand, und sie wurden geschlossen, wenn im ganzen Imperium Friede herrschte – was sehr selten der Fall war. Vor Augustus sollen die doppelten, nach Osten und Westen gerichteten Tore des Ianus-Quirinus-Tempels zweimal geschlossen worden sein, einmal unter Numa Pompilius selbst und das andere Mal 235 v. Chr. nach dem

Ersten Punischen Krieg der Römer gegen die Karthager. Augustus rühmt sich, ihn in seiner Zeit drei Mal geschlossen zu haben. Dies geschah zuerst 29 v. Chr., zwei Jahre nach der Schlacht von Actium, dann 25 v. Chr. nach dem Kantabrischen Krieg in Spanien, die dritte Schließung wurde 11 oder 10 v. Chr. zwar beschlossen, aber nicht durchgeführt, da es zu dieser Zeit einen Überfall der Daker nach Pannonien gab und einen Aufstand in Dalmatien. Mit dem Hinweis *cum priusquam nascerer* (vor meiner Geburt) will Augustus unterstreichen, dass mit ihm für Rom ein neues Zeitalter begonnen hat, das durch seine Friedensherrschaft gekennzeichnet wird (*Pax Augusta*).

14. Augustus' Enkel Gaius und Lucius Caesar: Früher Tod der Hoffnungsträger

Nach der Trennung von seiner ersten Frau Clodia, heiratete Augustus Scribonia, die ihm eine Tochter schenkte: Iulia. Diese sollte sein einziges leibliches Kind bleiben. Aber noch vor der Geburt der Iulia hatte er ihre Mutter wieder verstoßen, um Livia Drusilla zu heiraten, die die beiden Söhne Tiberius und Drusus mit in die Ehe brachte. Da Augustus seine Nachfolge aus dem julischen Hause sichern wollte, musste seine Tochter Iulia zunächst Marcellus heiraten, den Sohn seiner Schwester Octavia; als sein Neffe und Hoffnungsträger kaum zwanzigjährig starb, zwang Augustus seine Tochter, Agrippa zu heiraten, seinen liebsten Feldherrn und langjährigen Freund. Beide hatten fünf gemeinsame Kinder: Gaius Caesar, Vipsania Iulia, Lucius Caesar, Agrippina die Ältere und Agrippa Postumus, der nach dem Tod seines Vaters geboren worden war.

Die beiden älteren Söhne, seine leiblichen Enkel Gaius und Lucius, adoptierte Augustus 17 v. Chr. bald nach ihrer Geburt und erklärte sie damit offiziell zu seinen Nachfolgern.

Da er früh für ihren Aufstieg ins höchste Amt sorgen wollte, wurden die Brüder schon in jungen Jahren mit Ehrungen überhäuft. Bevor sie dem Gesetz nach überhaupt mündig waren, wurden sie in ihrem 15. Lebensalter zu Konsuln designiert, und sollten jeweils nach fünf Jahren dieses höchste Amt antreten, nämlich 1 bzw. 4 n. Chr., durften allerdings schon jetzt an den Senatssitzungen teilnehmen. Bei einer solchen feierlichen Mündigkeitserklärung wurde den Knaben zwischen dem 14. und 16. Lebensjahr die weiße *toga virilis* überreicht, nachdem sie vorher eine mit Purpur verbrämte Toga getragen hatten. Danach wurden sie zum Forum geleitet (*deductio ad forum*) und in die Liste der Bürger eingetragen. Zugleich mit der Ernennung zum designierten Konsul wurden beide auf Veranlassung ihres Großvaters von den Rittern zu einem *princeps iuventutis*, zum Führer der ritterlichen Jugend, ernannt. Seit Augustus bezeichnete dieser Titel, der vorher eine Ehrenbezeichnung für jugendliche Reiter aus adligen Familien war, nur noch die kaiserlichen Prinzen. Auch ließ der Princeps Münzen prägen, die die beiden mit den erwähnten Ehrenschilden und Speeren zeigten. Als weitere Ehrenbezeugungen wurden Gaius und Lucius bald Statuen und Tempel geweiht, so z. B. die sogenannte *Maison Carée*, ein Tempel in der provenzalischen Stadt Nîmes mit der rekonstruierten Inschrift:

C(aio) CAESARI AUGUSTI F(ilio) CO(n)S(uli) L(ucio) CAESARI AUGUSTI F(ilio) CO(n)S(uli) DESIGNATO PRINCIPIBUS IUVENTUTIS

(Dem Gaius Caesar, Sohn des Augustus, Konsul; dem Lucius Caesar, Sohn des Augustus, designierter Konsul, den Ersten der Jugend.)

Gaius (* 20 v. Chr.) wurde 2 v. Chr. mit einer höheren Befehlsgewalt ausgestattet und zu einer militärischen Mission in den Osten des Reiches geschickt. Dort trat er am 1. Jan. 1. n. Chr. sein Konsulat an, starb allerdings nach einer Verwundung bei einer militärischen Belagerung in Armenien während seiner Heimreise 4 n. Chr. in Lykien, wo ihm zu Ehren ein Grabmal errichtet wurde. Sein jüngerer Bruder *Lucius* (* 17 v. Chr.) war bereits zwei Jahre zuvor in *Massilia* (Marseille) an einer Krankheit verstorben, noch bevor er das Konsulat überhaupt hatte bekleiden können. Er wurde im Mausoleum des Augustus beigesetzt.

Nun blieben dem Princeps nur noch Tiberius, Drusus und Agrippa Postumus als Nachfolger. Nachdem Agrippa Postumus aber in Ungnade gefallen und verbannt worden war und Drusus bei einem Sturz vom Pferd in Germanien einen frühen Tod gefunden hatte, war es dann Tiberius, der in der Tat auch die Nachfolge antrat.

15. Geldspenden und andere Zuwendungen an die Bevölkerung

Der Titel, der über den *Res Gestae* steht, weist auf zwei Inhalte hin: die eigentlichen *Res Gestae,* die Taten, und die *impensae* (Kapitel 15 – 24), die Ausgaben, die aus Geld- und Getreidespenden, aus Bauwerken und finanzierten Zirkusspielen bestehen. Die Ausgaben bilden somit das Kernstück der Inschrift; sie werden eingerahmt von den geschichtlichen Taten des Augustus und der Erklärung seiner politischen Stellung und seiner Titel und Ämter im Reich.

An die Spitze der Ausgaben stellt Augustus die allgemeinen Zuwendungen an die Bevölkerung, die man als soziale Fürsorge betrachten kann. Im Vordergrund stehen hierbei die Gelder, die schon Gaius Iulius Caesar dem stadtrömischen Proletariat aus seinem Erbe vermacht hatte. Es folgen die Ausgaben aus dem persönlichen Vermögen des Princeps als Versorgung für die Masse der Mittellosen, die sich zu einem großen sozialen Problem entwickelt hatte und eine gewaltige Sprengkraft in sich barg. Danach folgen die Ausgaben aus der Kriegsbeute und weitere Geld- und Getreidespenden. Die Reihenfolge (römische Plebs, städtische Plebs, Veteranenansiedlungen, Plebs, die Getreidespenden erhält) scheint chronologisch gewählt zu sein: Spenden aus Caesars Erbe seit 44 v. Chr., Kriegsbeute aus Ägypten 29 v. Chr., Rückkehr des Augustus aus Spanien 24 v. Chr., regelmäßige Getreidespenden ab 23 v. Chr., Wahl des Augustus zum *pontifex maximus* 12 v. Chr., Mündigkeit von Gaius und Lucius Caesar 5 bzw. 2 v. Chr. Dazwischen werden noch die Spenden an die Veteranen anlässlich seines Triumphes von 29 v. Chr. erwähnt.

Schwierig ist es allerdings den heutigen Wert der Geldspenden zu ermitteln, da Preisangaben aus historischer Zeit immer unter dem Blickwinkel der damaligen lokalen und wirtschaftlichen Verhältnisse zu betrachten sind. So verursachen etwa Hungersnöte, die Augustus auch erwähnt, Verknappung der Lebensmittel, Missernten und staatliche Regelungen Schwankungen von Preisen.

Die Hauptmünzen der Römer waren:

Semis	=2 Quadrantes (Kupfer/Bronze)
As	= 2 Semisses (Messing)
Dupondius	= 2 Asses (Bronze/Kupfer)
Sestertius	= 2 Dupondii (Messing)
Denarius	= 4 Sestertii (Silber)
Aureus	= 25 Denarii (Gold)

Hauptwährungseinheit zur Zeit des Augustus war der *Sesterz*, abgekürzt IIS oder HS. Der Denar, der ebenfalls in der Inschrift angegeben wird, hatte einen Wert von 4 Sesterzen oder 16 As. Eine direkte Umrechnung auf unsere modernen Währungen ist unmöglich. Einen Anhaltspunkt bieten die damaligen Löhne und Preise: ein Arbeiter bekam ½ bis 1 Denar als Tageslohn, wovon er Unterkunft und Verpflegung für einen Tag aufbringen konnte. Eine kleine Kammer in einem Mietshaus kostete 3 Denar pro Monat; einen Liter guten Landwein konnte man für ½ bis 1 Denar erwerben, die Dienste eines Freudenmädchens waren da mit ¼ Denar schon günstiger, wohingegen eine feine Tunika mit 50 Denar recht kostspielig war. Ein einfacher Legionär bekam mit 225 Denar Jahressold in etwa so viel wie ein Arbeiter verdiente, hätte sich also dafür 4 ½ Tuniken kaufen können. Der von Sponsoren bezahlte Siegespreis für ein Wagenrennen im Circus Maximus betrug allerdings sage und schreibe 10 000 Denar. Der römische Philosoph *Seneca* bezeugt in einem Brief *(Ep. 18, 7)*, dass eine Person für etwa 2 Asse gerade satt werden konnte. Ein Pfund Brot konnte man für 1 As bekommen, zum gleichen Preis auch einen neuen Teller oder eine Tonlampe, während man für ein Trinkgefäß 2 Asse hinlegen musste.

Um den heutigen Wert im Ansatz zu ermitteln, sollte man sich die Frage stellen: Wie lange muss ich heutzutage arbeiten, um mir diese oder jene Ware kaufen zu können?

16. Ansiedlung und Versorgung von Veteranen

Wie für alle römischen Feldherrn war es auch für Augustus ein Problem, die Veteranen abzufinden und ihnen nach ihrem Ausscheiden aus dem aktiven Dienst einen Lebensunterhalt zu sichern. Dies geschah im 1. Jahrhundert v. Chr. in der Regel dadurch, dass der Feldherr ihnen ein Stück Land zuwies, das sie dann selbst bewirtschaften konnten. Da dem Feldherrn dieser Grund und Boden meist nicht gehörte, musste er vorher die dort ansässigen Bauern enteignen, und das waren meist solche, die im vorherigen Krieg auf der falschen Seite gestanden hatten; diese wurden dann gezwungen, ihre Felder und ihre Heimat zu verlassen, und gingen nach Rom, wo sie die dortige Riesenmasse von verarmten Proletariern noch vergrößerten. Oft geschah es, dass die Veteranen das ihnen zugewiesene Landgut herabwirtschafteten oder des sesshaften Lebens überdrüssig wurden und den Lockungen der Stadt Rom erlagen und dort ihr Glück suchten: auch sie vergrößerten die Zahl der mittellosen Glücksjäger, die bereit waren, für etwas Geld jedem zu folgen, der in dem in eine Existenzkrise geratenen Staat die Macht an sich reißen wollte. Das bedeutendste Beispiel hierfür ist *Catilina*, der 63 v. Chr. unter *Ciceros* Konsulat eine Verschwörung anzettelte, die aber schon bald scheiterte.

Auch Octavian hatte seine altgedienten Soldaten nach der Schlacht bei Philippi (42 v. Chr.) mit enteignetem Land entlohnt; dazu kamen noch Zehntausende Veteranen der besiegten republikanischen Legionen des Brutus und des Cassius, die er damit auf seine Seite ziehen wollte. Mehr als 18 römische Städte waren von diesen Enteignungen ohne Entschädigungen betroffen, und eine große Zahl von deren Einwohnern wurde vertrieben, wodurch Octavian der Hass vieler Römer entgegenschlug. Ein literarisches Zeugnis dieser Vertreibungen, verbunden mit der Hoffnung auf die Milde des künftigen Augustus, findet sich in der *1. Ekloge* des römischen Dichters *Vergil*.

Aufgrund der Enteignungen kam es zu Unruhen, und viele Enteignete zogen als Banden marodierend durch Italien. Diese wandten sich vielfach an Lucius Antonius, den Bruder von Marcus Antonius, welcher ein Heer gegen Octavian zusammenstellte. Es kam zum *Perusinischen Krieg* (41/40 v. Chr.), in dem Octavian obsiegte und nach dem Fall der Stadt Perusia grausam unter deren Bürgern wütete. Zudem führten die Enteignungen auch zu einer Agrarkrise, die große Versorgungsengpässe für Rom mit sich brachte; der Mangel an Lebensmitteln wurde noch verstärkt durch die Seeblockade des Sextus Pompeius (vgl. Kap. 25).

Ein zweites Mal lief die Landverteilung etwas moderater ab: Statt nach dem Sieg über Sextus Pompeius 36 v. Chr. das Land römischer Bürger ohne Gegenleistung zu enteignen, entschädigte Octavian dieses Mal die 20 000 Mann, die er aus seiner Armee entlassen konnte, mit Bauernstellen in Sizilien, Italien und Gallien. Von diesen beiden ersten Landverteilungen ist im Tatenbericht kein Wort zu lesen.

In den *Res Gestae* erwähnt Augustus zunächst die beiden Ansiedlungen von Veteranen nach der Schlacht von Actium und die nach dem gewonnenen Krieg gegen die Kantabrer in Spanien, 30 und 14 v. Chr. Gerade nach der Schlacht von Actium konnte Augustus auf die gewaltige Beute aus dem ägyptischen Staatsschatz zurückgreifen, um den Städten das Land für die Veteranen abzukaufen, und so brauchte er keine Konfiskationen durchzuführen. Das Land für die Veteranen, die aus Spanien zurückgekehrt waren, konnte er sich ebenfalls dank einer reich gefüllten eigenen Kasse leicht sichern. Dadurch entstand in Italien eine große Schicht von Bauern, die ihm treu ergeben blieben und Zeit ihres Lebens seine Anhänger waren. Seit dem zweiten Konsulat des Tiberius (7 v. Chr.) aber erhielten die Veteranen Geldzuweisungen aus eigenen Mitteln des Princeps bis zu der Zeit hin, da er das *aerarium militare* einrichtet, von dem das folgende Kapitel berichtet.

17. Geldzuwendungen an die Staatskasse

Die Staatskasse, das *aerarium populi Romani,* hatte ihren Sitz im Saturntempel auf dem Forum Romanum, weshalb sie auch *aerarium Saturni* genannt wurde. In ihr befanden sich Edelmetalle, Geld, Schuldverschreibungen, staatliche Urkunden und auch Steuerlisten und Abrechnungen über öffentliche Gelder. In sie flossen die Steuern, Einnahmen aus Verpachtungen, Geldstrafen und die Kriegsbeute. Verwaltet wurde sie zu Zeiten der Republik von bis zu acht vom Volk gewählten Quästoren, und der römische Senat hatte direkten Zugriff auf sie. Augustus hat das Amt der Leitung der Staatskasse den Quästoren, die meist noch recht jung waren und am Anfang ihrer Laufbahn standen, aus der Hand genommen und es zwei ehemaligen Prätoren anvertraut, also gestandenen Beamten. Bei der erwähnten finanziellen Unterstützung soll es sich um Gelder gehandelt haben, mit denen Augustus nach einem schweren Erdbeben in Kleinasien (12 n. Chr.) den Tribut für die Einwohner übernommen hat, sowie um Ausgaben für Spiele und den Straßenbau.

Wie der Schriftsteller *Sueton* in seiner Biografie des Augustus (*49,2*) berichtet, verpflichtete der Princeps aus Angst vor Meutereien alle Soldaten des gesamten Reiches zu einer festgelegten Anzahl von Dienstjahren, gab ihnen je nach ihrem militärischen Rang einen festen Sold und richtete durch neuartige Steuern eine Militärkasse (*aerarium militare)* ein, um für alle Zeiten genügend Geld für die aktiven Soldaten und für deren Entlassungen zu haben. Das Geld stammte zunächst aus einer einmaligen Einlage des Augustus von 170 Millionen Sesterzen und später aus einer einprozentigen Steuer auf alle Waren, die nach dem Bürgerkrieg eingeführt worden waren, sowie aus einer fünfprozentigen Erbschaftssteuer. Auch dieser Kasse stellte der Princeps drei ehemalige Prätoren vor. Die Dienstzeit für Legionssoldaten wurde im Jahre 6 n. Chr. auf 20 Jahre festgesetzt, die für Prätorianer, die Garde-Truppe des Princeps, auf 16 Jahre.

18. Getreide- und Geldspenden an das Volk

Da durch die Zahlungsunfähigkeit von unschuldig in Geldnot geratener Römer die Staatskasse in Mitleidenschaft gezogen wurde, unterstützte Augustus seit 18 v. Chr. diese Bürger finanziell aus eigenen Mitteln, wodurch im gleichen Zuge auch die Einkünfte der Staatskasse wieder stiegen. Die Getreidespenden lassen an den Ausdruck *Brot und Spiele* denken. Mit *panem et circenses* kritisierte der römische Schriftsteller *Juvenal* (um 60 – um 127) das schon zur Zeit der Republik verbreitete Vorgehen von Staatsführern, das Volk durch kostenlose Speisungen und Zirkusspiele zufriedenzustellen und in Bann zu halten, sodass es gefügig ist und nicht aufbegehrt. Ein weiteres Ziel war es, durch *panem et circenses* das Volk zu bestechen, damit es seine Stimme für den jeweiligen Spender abgab. Caesar soll 65 v. Chr. als *kurulischer Ädil*, ein niederes Polizeiamt, dem Volk prachtvolle Spiele geboten haben, wodurch er sich zwar bei dem damals reichsten Römer Marcus Licinius Crassus verschuldete, beim Volk aber derart beliebt machte, dass er schon im Jahre 63 v. Chr. in das bedeutende Amt des *pontifex maximus*, des obersten Priesters, gewählt wurde, ein Sprungbrett für seine weitere Karriere.

19. Bautätigkeiten

Unter Augustus verwandelte sich Rom in eine Weltstadt, die selbst Athen und Alexandria an Glanz und Modernität übertraf. Als Octavian 44 v. Chr. in die Politik des Weltreichs eingriff, war die Hauptstadt in einem erbärmlichen Zustand. Viele Abwasserkanäle waren verdreckt, das Bett des Tibers verlandet, immer wieder wurden ganze Viertel überschwemmt; das einfache Volk lebte in mehrstöckigen Mietskasernen und war schlecht mit Trinkwasser versorgt; dauernd brachen Brände aus, die ganze Viertel in Schutt und Asche legten. Viele Gebäude und Tempel waren so baufällig, dass sie einstürzten. Als Octavian ein halbes Jahrhundert später zum Herrscher der damaligen Welt aufgestiegen war, war Rom nicht wiederzuerkennen. Mit Stolz rühmte der Princeps sich, er habe eine Stadt aus Marmor hinterlassen, die er als aus Ziegeln erbaut vorgefunden habe, wie der Kaiserbiograf Sueton *(Aug. 28)* erwähnt.

Der Princeps ließ Funktionsbauten errichten oder renovieren wie etwa Aquädukte, Thermen, Märkte (z. B. das Forum des Augustus) und Kanäle zur Abwasserversorgung, aber auch sakrale Bauten und Stätten zur Unterhaltung des Volkes wie Theater, Amphitheater, Säulenhallen und Gärten. Hinzu kommen Basiliken, eigentlich mehrschiffige, oft zweistöckige Gerichtshallen, in denen aber auch Geldgeschäfte abgeschlossen und Waren aller Art angeboten wurden. Und damit keine Feuersbrünste und Überschwemmungen diese ganze Pracht zunichtemachten, schuf er eine eigene oberste Baubehörde, die *cura operum locorumque publicorum*, die sogar eine professionelle Feuerwehr unterhielt.

Als Augustus 14 n. Chr. stirbt, ist Rom wirklich umgestaltet. Weißer und bunter Marmor prunkt an allen öffentlichen Gebäuden. Deren Namen und Inschriften verweisen auf den großen Wohltäter der *res publica*, der sich nicht hinter den renovierten und neu errichteten Gebäuden versteckt, sondern sie ideologisch für seine Herrschaftsidee auszunutzen versteht. Ein neuer Stil aus archaischen, klassischen und hellenistischen Elementen, der augusteische Klassizismus, ist entstanden.

Die groß angelegten Urbanisierungsmaßnahmen sollten mit ihrem strahlenden Marmor, mit Schönheit, Glanz und vielen

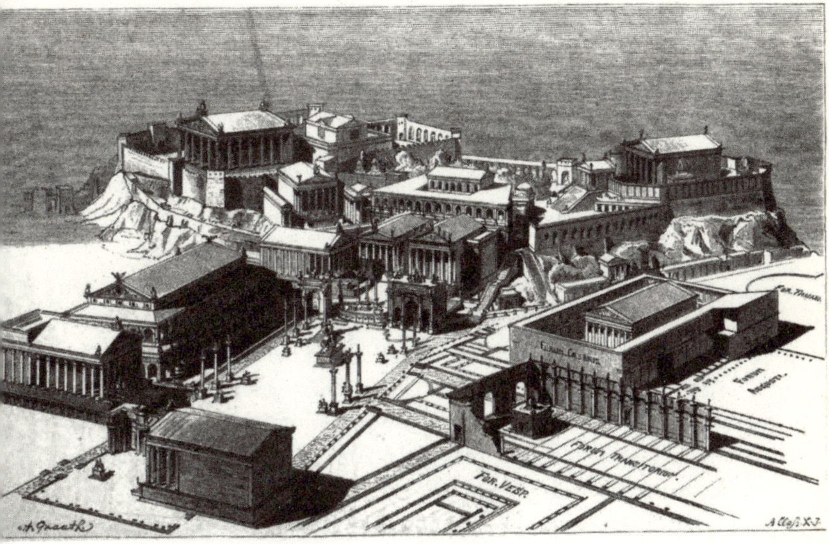

Forum Romanum

Annehmlichkeiten den Verlust der Freiheit vergessen machen.

Die Stadt aus Marmor ist indes nicht die aller Römer. Die meisten Bewohner Roms lebten nicht in einer der marmornen Villen, sondern immer noch in einfachen Häusern und unsicheren Mietskasernen, die aus Gussmauerwerk, Holz und Ziegeln errichtet waren. Die engen Viertel für die Massen waren ohne Plan verbaut und immer noch heruntergekommen.

Meist sakrale Bauten: Die einzelnen Kultbauten werden chronologisch nach ihrer Errichtung vorgestellt:

1. Die *curia Iulia*, am Nordrand des *Forum Romanum*, ist das Rathaus, in dem der Senat seine Sitzungen abhielt. Schon Caesar hatte die alte *curia Hostilia* abreißen lassen und mit einem

Neubau begonnen, da sie zu klein für die wachsende Zahl der Senatoren geworden war. Augustus vollendete den Bau und weihte ihn 29 v. Chr. ein.

2. Das *Chalcidicum* grenzte an die *curia Iulia* an und war durch zwei Türen mit dieser verbunden. Benannt nach der Stadt Chalkis auf der Insel Euböa, war es eine Art Säulenhalle, ein Heiligtum für Minerva, weshalb es später auch *atrium Minervae* genannt wurde.

3. Der *Apollotempel* auf dem Palatin mit seinen Säulenhallen lag direkt neben dem Wohnhaus des Augustus. Da sich Augustus den Gott Apoll, der auch auf einem Felskap bei Actium einen Tempel besaß, aus diesem Grund als seinen Schutzgott auserkoren hatte, versammelte er im Alter öfters den Senat in den Hallen oder ließ dort Gerichtssitzungen abhalten. In den Säulenhallen befand sich eine griechische und lateinische Bibliothek.

4. Der *Tempel des vergöttlichten Iulius (divus Iulius)* befand sich mitten auf dem Forum an der Stelle, an der die Leiche Caesars, der schon zu Lebzeiten zum Gott erklärt wurde, verbrannt worden war.

5. Das *Lupercal* war eine Höhle am Fuße des Palatin, in der nach dem Gründungsmythos Roms die Zwillinge Romulus und Remus von einer Wölfin (lateinisch *lupa* = *Wölfin*) gesäugt worden waren. Augustus richtete sie wieder her und machte daraus eine sakrale Grotte für den römischen Gott *Lupercus*, der, meist Faunus genannt, dem griechischen Hirtengott Pan entsprach. Zu seinen Ehren fanden am 15. Febr. die *Lupercalien* statt, ein Fruchtbarkeitsfest, das mit der Opferung eines Bocks im Lupercal begann. Es wurde von der dem Gott eigenen Priesterschaft, den *luperci*, vollzogen.

6. Die *Oktavische Säulenhalle* beim *Circus Flaminius* war von Cn. Octavius, der 168 v. Chr. die Flotte des Königs Perseus be-

siegt hatte, erbaut und nach ihm benannt worden. Nachdem die Halle durch ein Feuer zerstört worden war, ließ Augustus sie an derselben Stelle wieder errichten und ließ ihr aus Respekt vor den Vorfahren ihren Namen, obwohl er sie als Erbauer nach seinem eigenen Namen hätte benennen können.

7. Das *Pulvinar* war eine Art Loge, die im Circus Maximus aus den Zuschauerrängen herausragte und von der aus der Princeps mit den Seinen den Wettkämpfen zusehen konnte. Im Pulvinar wurden bei den Spielen die Götterbilder zur Schau gestellt.

8. Der Tempel des *Iuppiter Feretrius* stand auf dem Kapitol an der Stelle, an der schon Romulus ein kleines Heiligtum errichtet haben soll, das aber im Laufe der Jahre eingestürzt war. Der Name *Feretrius* (»Edelbeuteträger«) geht darauf zurück, dass in diesem ersten Tempel Roms die besten Beutestücke der besiegten Gegner, vornehmlich die Rüstung des geschlagenen Feldherrn, dem Iuppiter geweiht wurden.

9. Der Tempel des *Iuppiter Tonans*, des »Donnernden«, auf dem Kapitol wurde von Augustus eigens als Dank dafür gestiftet, weil während des Kriegszugs gegen die spanischen Kantabrer ein Blitz bei einer nächtlichen Reise seine Sänfte gestreift, ihn jedoch unverletzt gelassen hatte, während seine Sklaven getroffen und getötet wurden.

10. Der *Tempel des Quirinus* auf dem Hügel Quirinal wurde 293 v. Chr. vom Konsul Lucius Papirius Cursor erbaut und war mit Kriegsbeute ausgestattet. Nachdem der Tempel teilweise niedergebrannt war, ließ Augustus ihn restaurieren und mit acht Säulenkränzen umgeben. Quirinus war ursprünglich vermutlich ein Kriegsgott der Sabiner, wurde aber später mit Romulus gleichgesetzt, nachdem dieser unter die Götter versetzt worden sein soll.

11. Der *Tempel der Minerva* stand auf dem Aventin, allerdings sind heute keine Reste mehr davon zu sehen. Neben Iuppiter und Iuno war Minerva, die ursprünglich die Beschützerin der Handwerker und des Gewerbes war und später mit der griechischen Athene gleichgesetzt wurde, eine der drei Stadtgottheiten. Seit Augustus wurde Minerva als Göttin verehrt, die Siege verleiht und die Geschicke des Staates lenkt. Ein weiterer Tempel dieser Göttin befand sich auf dem Hügel Esquilin, ein dritter auf dem Caelius.

12. Der *Tempel der Königin Iuno*, der *Iuno regina*, auf dem Aventin ehrte die Göttin als Gemahlin des Iuppiter und somit als Königin aller Göttinnen. Ursprünglich handelte es sich bei Iuno um die Stadt- und Schutzgöttin der etruskischen Stadt Veji, einer Rivalin Roms.

13. Der Tempel des *Iuppiter Libertas*, des Iuppiter der Freiheit, auf dem Aventin ist nicht zu lokalisieren. Vielleicht lag er in der Nähe des Heiligtums der Libertas, das dort seit 238 v. Chr. stand. Ob Iuppiter Libertas dem griechischen Zeus Eleutherios entspricht, ist ebenso unsicher.

14. Das *Heiligtum für die Laren* lag auf der höchsten Stelle der *Via sacra*, der vornehmsten Straße Roms, die vom Kolosseum über das *Forum Romanum* zum Kapitol führte. Dieser Tempel war den Schutzgöttern des römischen Hauses gewidmet, die ihre Kapellen und Bildstöcke oft an den Kreuzwegen (*compiti*) hatten, wo mehrere Grundstücke zusammenstießen. Hier wurden ihnen an den *Compitalia*, ihrem Schutzfest, kleine Bilder und Wollballen geweiht. Augustus hatte zu ihren Ehren den Kult der *Lares Compitales* neu eingeführt.

15. Das *Heiligtum der Penaten* lag im Bezirk der *Velia,* einer früh besiedelten Anhöhe nordöstlich vom Palatin. Wie die Laren waren auch die Penaten Schutzgeister des Hauses, beson-

ders der Vorratsräume und des Vorrats. In Rom waren sie auch deshalb so heilig, weil Aeneas sie bei seiner Flucht aus Troja nach Latium mitgenommen hatte.

16. Der *Tempel der Göttin der Jugend*, der *Iuventas*, stand im Circus Maximus. Ursprünglich war er 191 v. Chr. geweiht worden, dann 16 v. Chr. niedergebrannt.

17. Der *Tempel der Magna Mater* auf dem Palatin war der Kybele gewidmet. Diese kleinasiatische Muttergottheit war ursprünglich nur ein Fetisch, ein Meteoritstein aus der kleinasiatischen Stadt Pessinus. In einem Mysterienkult wurde sie dann als Person gedacht, als Mutter allen Lebens. Auf Anregung der Sibyllinischen Bücher war der Fetisch in den Notzeiten des Zweiten Punischen Kriegs 204 v. Chr. nach Rom geholt worden, wo man ihm einen Tempel errichtete, den Augustus nach einem Brand im Jahr 3 n. Chr. neu errichten ließ. Die Sibyllinischen Bücher waren eine Sammlung von dunklen Orakelsprüchen, in griechischen Hexametern abgefasst,

Minerva

Iuppiter

Iuno

die vom letzten römischen König *Tarquinius Superbus* einer Wahrsagerin (Sibylle) abgekauft und während der gesamten Geschichte des Römischen Reichs in Notlagen des Staates zu Rate gezogen wurden.

20. Verschiedene andere Bauten: sakrale und öffentliche

1. Das *Capitolium* auf dem südlichen Gipfel des Kapitolhügels war das Heiligtum der drei bedeutendsten Götter Roms (Göttertrias): *Iuppiter Optimus Maximus* (»der höchste und beste Iuppiter«), *Iuno Regina* und *Minerva.* In der *cella,* dem inneren Hauptraum des Tempels, befanden sich Kultbilder der Trias. Als sakrales Zentrum Roms, und damit des ganzen Imperiums, besaß er auch politisch eine große Bedeutung, denn hier wurde der Amtsantritt der Konsuln mit einem feierlichen Opfer begangen und hier endeten die Triumphzüge, wobei der siegreiche Feldherr am Altar des Iuppiter ein Opfer darbrachte. Unter dem letzten der sieben römischen Könige, Tarquinius Superbus († um 495 v. Chr.), fertiggestellt, wurde der Bau während der römischen Bürgerkriege durch einen Brand zerstört, auf gleichem Grundriss wieder aufgebaut und 69 v. Chr. geweiht. Augustus ließ es sich im Zuge seiner religiösen Erneuerungspolitik nicht nehmen, dieses Zentrum und Sinnbild römischer Macht und Größe zu restaurieren.

2. Das *Theater des Pompeius* auf dem Marsfeld war das erste steinerne Theater überhaupt in Rom. Von *Gnaeus Pompeius Magnus,* dem Gegenspieler Caesars, in Auftrag gegeben und 55 v. Chr. mit prächtigen Spielen eingeweiht, wurde es Vorbild für die vielen Theater im ganzen römischen Reich. Auf Höhe der Sitzreihen befand sich der Tempel der *Venus Victrix,* auf deren Hilfe der Feldherr seine Siege zurückführte; an das Theater schloss sich eine Säulenhalle an, in der Gaius Iu-

lius Caesar an den Iden des März 44 v. Chr. (15. März) von den republikanischen Verschwörern ermordet wurde.

3. Die *Aqua Marcia*, um 140 v. Chr. vom Prätor Quintus Marcius Rex erbaut, ist die längste der Wasserleitungen *(Aquaeductus)*, die die Versorgung Roms mit Wasser sicherstellten, und sie ist noch bis heute einer der Hauptwasserquellen der Stadt. Mehrmals musste sie ausgebessert werden, so im Jahre 33 v. Chr. unter Marcus Vipsanius Agrippa, dem Freund und späteren Schwiegersohn des Augustus. Der Princeps erwähnt in seinem Tatenbericht, dass er diese Leitung zusammen mit anderen ausbessern ließ und durch eine neue Quelle derart erweitert habe, dass sich das Wasservolumen der Aqua Marcia verdoppelte.

Mit einer eigenen Behörde, der späteren *cura aquarum,* verbesserte Agrippa die Wasserversorgung, und da er sehr reich war, oft auf eigene Kosten. Die Aquädukte der alten Leitungen Aqua Marcia, Aqua Appia und Anio Vetus wurden wiederhergestellt, neue Leitungen wie die Aqua Iulia erbaut, Wasserverschmutzung und -diebstahl aufs Schärfste geahndet. Agrippa, der auch den Tiber vertiefen, Abwasserkanäle reinigen und Straßen reparieren ließ, war bis zu seinem Tod 12 v. Chr. für die Wasserversorgung zuständig. Dann wurde das Amt verstaatlicht.

4. Das *Forum Iulium*, das Forum Caesars, auf dem ein Tempel der *Venus Genetrix*, der Stammmutter der gens Iulia, gestanden hatte, schloss sich an das Forum Romanum an. Es wurde 46 v. Chr. noch unvollendet von Caesar eingeweiht und erst später von Augustus fertiggestellt.

5. Die zwischen dem Kastor- und dem Saturntempel gelegene *Basilica Iulia* wurde ebenfalls unvollendet von Caesar 46 v. Chr. eingeweiht. Kurz nach der Fertigstellung durch Augustus wurde der Bau durch einen Brand beschädigt und

12 v. Chr. im Namen seiner Adoptivsöhne Gaius und *Lucius Caesar* erneut eingeweiht. Bei der Basilica Iulia handelte es sich um eine große Ladenzeile, in der sich Geschäfte aller Art aneinanderreihten.

6. Die *Via Flaminia* war im Jahr 220 v. Chr. vom *Censor Gaius Flaminius* angelegt worden und verband die Hauptstadt mit der Adriaküste bei Ariminum (Rimini). Augustus, der die Straßen, die von Rom aus netzartig nach ganz Italien ausgingen, in die Obhut einzelner Senatoren gestellt hatte, reser-

Straßenüberspannung der Aqua Claudia, die heutige Porta Maggiore

vierte für sich selbst die Via Flaminia. Von den beiden nicht renovierten Brücken ist die *Minuciusbrücke* heute nicht mehr bekannt. Die *Milvische Brücke*, *pons Mulvius* oder *Milvius*, liegt im Norden von Rom und ist für die dort ausgetragene *Schlacht an der Milvischen Brücke* berühmt, in der im Jahre 312 n. Chr. *Konstantin der Große* seinen Rivalen *Maxentius* besiegte und dadurch alleiniger Herrscher im weströmischen Reich wurde.

21. Weitere Bauten auf privatem Grund und Boden

1. Das *Augustusforum* mit dem *Tempel des Mars Ultor* war als Glorifizierung des Princeps gedacht, der die alten Traditionen wiederhergestellt hatte. Wie das Forum Caesars ist es eine Erweiterung des Forum Romanum. In der Schlacht von *Philippi* gegen die Caesarmörder soll Augustus den Bau eines Tempels für den rächenden Mars gelobt haben; es dauerte allerdings noch 40 Jahre, bis der Tempel des Mars Ultor, Zentrum des Augustusforums, im Jahre 2 v. Chr. eingeweiht werden konnte. Säulenhallen begrenzten das Bauwerk, in dessen Nischen die Statuen der Ahnen des julischen Geschlechts und großer römischer Feldherrn gestanden hatten. Vor dem Marmortempel soll sich eine große Statue von Augustus auf einem Triumphwagen mit der Sockelaufschrift *pater patriae*, Vater des Vaterlandes, befunden haben, was als ideologische Botschaft gedeutet werden kann: der eindrucksvolle Triumphzug des Augustus zum Gipfel der römischen Macht.

2. *Das Marcellustheater* ließ Augustus in der Nähe des Gemüsemarktes *(forum holitorium)* errichten. Das Gelände in unmittelbarer Nähe des Tempels des *Apollo Sosianus* hatte schon sein Adoptivvater Caesar erworben. Anders als die griechischen Theater war es nicht an einem Hang, sondern frei in der Ebene errichtet worden und diente so als Vorbild für den späteren

Das Forum des Augustus mit dem Tempel des Mars Ultor

Bau des Kolosseums. Der Princeps widmete dieses Bauwerk, das bis heute als Wohnhaus weiter besteht, 13 v. Chr. seinem zehn Jahren zuvor verstorbenen Neffen und designiertem Nachfolger Marcellus, dem Sohn seiner Schwester Octavia.

3. *Der Vestatempel* meint wohl das Heiligtum dieser altitalischen Göttin auf dem Forum Romanum, in dem ihr heiliges Feuer brannte, das von sechs Vestalinnen gehütet wurde. *Vesta* war die Göttin des Heims und des Herdes, und damit der griechischen *Hestia* vergleichbar. Das Priesteramt der Vestalinnen war sehr begehrt und ursprünglich nur vornehmen Mädchen zugänglich, die zwischen dem sechsten und zehnten Lebensjahr in das Amt eintraten und dort 30 Jahre im Dienst und jungfräulich bleiben mussten. Die Verletzung der Jungfräulichkeit wurde streng bestraft; ebenso geahndet wurde es, wenn sie das

Feuer erlöschen ließen. Im Rundtempel der Vesta wurde das *Palladium* aufbewahrt, ein archaisches Götterbild der Minerva, das als Unterpfand für das Bestehen des Reichs galt. Auch war der Tempel aufgrund seiner Unantastbarkeit ein beliebter Aufbewahrungsort für Verträge und Testamente.

Im Zusammenhang mit den Weihegeschenken in den Tempeln kommt Augustus am Ende des Kapitels noch auf das Kranzgold zu sprechen. Städte im Kriegsgebiet, die der Feldherr durch seinen Sieg errettet hatte, überreichten diesem beim Triumphzug goldene Kränze oder die entsprechende Summe in Gold. Dazu erhielt er noch je 1000 Pfund Gold von den 35 Steuerbezirken in Rom und in Italien, was der Princeps allerdings ablehnte.

22. Spiele für das Volk

Ursprünglich wurden Spiele zu Ehren der Toten veranstaltet, denn sie sind aus dem etruskischen Totenkult entstanden und somit tief im sakralen Bereich verankert. Es werden wohl zunächst athletische Wettkämpfe Mann gegen Mann gewesen sein. Erst 264 v. Chr. fochten auf dem Ochsenmarkt in Rom drei *Gladiatorenkämpfer* gegeneinander. Später ging der religiöse Hintergrund verloren, und die Gladiatorenspiele nahmen einen viel größeren Rahmen ein, wurden grausamer und blutrünstiger und sanken zu einer Belustigung der Massen herab, die dann auch dazu diente, das Volk bei Laune zu halten und ruhig zu stellen. Im Jahre 174 v. Chr. ließ T. Quinctius Flaminius bei den Spielen zu Ehren seines Vaters bereits 74 Gladiatoren gegeneinander antreten. 105 v. Chr. veranstalteten die römischen Konsuln erste staatliche Gladiatorenspiele, und Caesar ließ im Jahre 65 v. Chr. schon 320 Paare kämpfen. Das Geld dazu hatte er sich geliehen, aber für ihn amortisierte es sich, denn es ermöglichte ihm den Aufstieg bis an die Spitze des Staats.

Die erste Tierhetze fand in Rom bereits im Jahr 186 v. Chr. unter M. Fulvius Nobilior statt. Später wurden derartige Spiele im Circus Maximus oder im Amphitheater, das 30 v. Chr. von Statilius Taurus errichtet worden war, abgehalten. Dabei wurden seltene und exotische Tiere vorgeführt, man ließ sie gegeneinander kämpfen, oft jedoch auch gegen Menschen. In den Spielen von Pompeius und Caesar wurden bereits Hunderte von Löwen erlegt. Erst Augustus machte die Spiele zu einem kaiserlichen Privileg, und in der späteren Kaiserzeit sollten sie ihren grausamen Höhepunkt erreichen. Rühmte sich Augustus noch, 3500 Tiere erlegt zu haben, so soll Kaiser Trajan 106 n. Chr. zur Feier seines Sieges über die Daker an die 11 000 Tiere in die Arena geschickt haben. Erst im Jahre 325 n. Chr. erließ Kaiser Konstantin, mit dem der Aufstieg des Christentums im Imperium Romanum begann, ein Edikt, in dem er Gladiatorenspiele und Tierhetzen verbot, weil ihm blutige Vorführungen missfielen.

Athletische Spiele nach griechischem Vorbild fanden erstmals 186 v. Chr. statt, wobei Boxen, Ringen und Laufwettbewerbe im Mittelpunkt standen; auch das *Pankration*, der »Allkampf«, war beim Volk beliebt: bei ihm war außer Beißen und Bohren in die Augen alles erlaubt.

Im alten Rom fanden schon früh, 249 v. Chr. und 146 v. Chr., *Säkularfeiern* statt, Feste, die das Ende eines alten und den Beginn eines neuen Zeitalters (*saeculum*) kennzeichneten. Diese sollen angeblich aufgrund eines Orakels in den Sibyllinischen Büchern eingeführt worden sein. Doch erst die großen Säkularspiele des Augustus 17 v. Chr. mit ihrem gewaltigen Pomp und Aufwand machten diese Feier zu einem festen

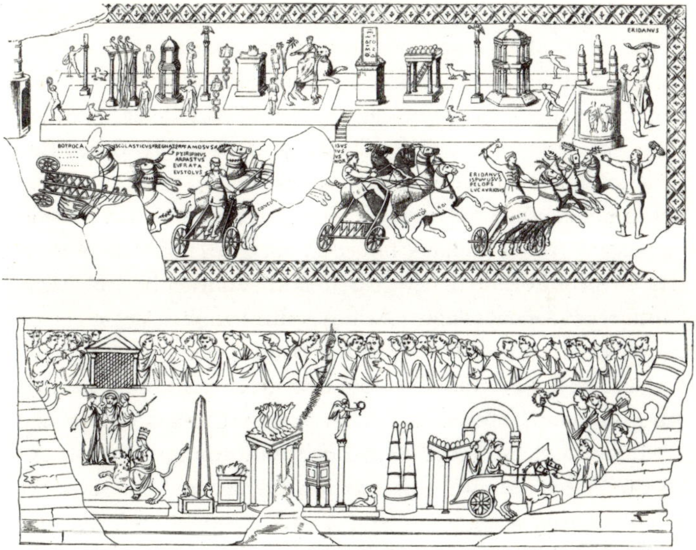

Circusspiele

Bestandteil römischer Festkultur. Den Säkularfeiern liegt ein altes etruskisches Sühneopfer zugrunde, das erst dann begangen werden sollte, wenn niemand mehr lebte, der das vorherige mitgemacht hatte. Dieses *saeculum* war ein Zeitraum von etwa 100 bis 110 Jahren, und dessen Ende sollte den Menschen durch göttliche Zeichen verkündet werden. Für Augustus galt das Erscheinen eines Kometen als göttlicher Vorbote, dass nun ein neues Zeitalter angebrochen war. In seiner Funktion als Vorsitzender eines der höchsten Priesterkollegien, dem der *Quindecimviri*, gestaltete Augustus die Feiern ganz neu, griff auf alte Riten der Republik zurück und machte sie zu seinem eigenen Fest. Gemäß seiner Herrscherideologie sollte nun nicht mehr so sehr der Vergangenheit gedacht, sondern alles auf die Zukunft ausgerichtet werden, denn mit dem Princeps soll ein neues Zeitalter beginnen, das geprägt ist durch die *Pax Augusta*, den augusteischen Frieden. Der Dichter Horaz verfasste dafür eigens ein Gedicht, das *carmen saeculare,* in dem er ein kommendes Zeitalter des Glücks verkündete. Und Vergils Epos *Aeneis* ist eine einzige Glorifizierung des Herrschers, dessen Ursprünge durch den Trojahelden Aeneas bis auf seine Mutter, die Göttin Venus, zurückgeführt und so tief im Mythos festgemacht werden. Damit wird die *Aeneis* zu einer Verkörperung der Romidee, wobei der mythische Ursprung und die politische Gegenwart des idealen Herrschers ineinander verschmelzen; für Vergil ist die Friedensordnung des Augustus die Vollendung des von Aeneas vollzogenen Schicksals. So ist das vergilsche Epos ein Konglomerat von Mythos, Patriotismus und religiös-weltanschaulichen Ideen. Vor allem aber ist es ein Hymnus an die ewige Größe Roms.

Auch die *ludi Martiales* stellte Augustus in den Dienst seiner Herrscherideologie. Es waren Spiele, die zur Erinnerung an die Einweihung des Mars-Ultor-Tempels erstmals 2. v. Chr. (vgl. Kap. 21) begangen wurden und fortan als Dankfest zur Entsühnung der Schuld gefeiert werden sollten, die der Bürgerkrieg über das römische Volk gebracht hatte.

23. Eine Naumachie des Augustus

Unter Naumachien versteht man nachgestellte Seeschlachten, die in verkleinertem Rahmen stattfanden. Die erste Naumachie soll Caesar 46 v. Chr. veranstaltet haben, wobei er eigens auf dem Marsfeld einen künstlichen See hatte anlegen lassen. Bei diesem Seegefecht, bei dem insgesamt 4000 Ruderer und

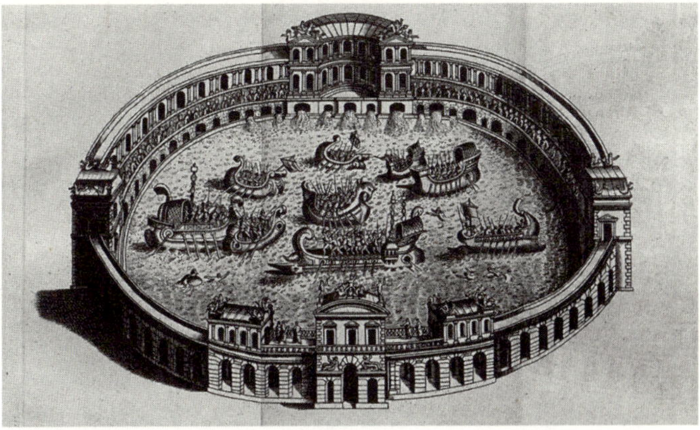

Naumachie

2000 Decksoldaten beteiligt waren, wurde eine Seeschlacht zwischen phönizischen und ägyptischen Schiffen nachgespielt. Augustus ließ 2 v. Chr. die erste permanente Anlage für Naumachien im sogenannten Caesarenwäldchen im heutigen Stadtteil Trastevere ausheben, die ein Ausmaß von 540 × 360 Meter gehabt haben soll. Dort wurde aus Anlass der Feiern zur Eröffnung des Mars-Ultor-Tempels die Schlacht von Salamis nachgestellt, in der 480 v. Chr. die Griechen unter ihrem Feldherrn Themistokles die persische Flotte schlugen und aus den griechischen Gewässern vertrieben.

24. Weihegeschenke an die Götter

Um die finanziellen Mittel für den Krieg gegen Octavian zu erlangen, hatte Antonius, den der Princeps hier wie sonst auch in seinem Tatenbericht nicht mit Namen nennt, kostbare Kultgegenstände aus Silber und Gold sowie Weihegeschenke an die Götter aus den Tempelschätzen Kleinasiens geraubt und an sich genommen; darunter soll sich auch eine Statue des Myron befunden haben, eines attischen Bildhauers, den Antonius' Geliebte Kleopatra besonders schätzte. Mit der Erwähnung, dass er diese geweihten Geschenke nach der Schlacht von Actium (31 v. Chr.) den Städten in Kleinasien zurückgibt, will Octavian seine *pietas* herausstreichen, das rechte Verhalten gegenüber den Göttern, dem Vaterland und den Eltern. Als weiteres Zeichen seiner demütigen Haltung den Göttern gegenüber vermerkt er, dass er die zahlreichen silbernen Statuen seiner Person in Rom entfernen ließ und dafür goldene Weihegeschenke im Apollotempel niederlegen ließ, denn Standbilder aus Gold und Silber standen nur den Göttern zu. Damit gibt er im Rahmen seiner religiösen Erneuerungspolitik den Bürgern ein persönliches Beispiel, den Sitten der Vorfahren nachzueifern, wie er es in Kap. 8 seines Tatenberichts schon gefordert hatte.

25. Der Krieg gegen Sextus Pompeius, auch Sklavenkrieg oder Sizilischer Krieg genannt (39–36 v. Chr.)

In den Kapiteln 25 bis 30 spricht der Princeps von den Kriegen, die er geführt hat. Dabei führt er als einziges Beispiel aus den Bürgerkriegen den gegen Sextus Pompeius an, bevor er in den darauffolgenden Kapiteln ausführlich seine auswärtigen Kriege erwähnt, die alle die Expansion des Imperium Romanum zum Ziel hatten.

Sextus Pompeius, der Sohn des Caesargegners Gnaeus Pompeius, beherrschte mit seiner Flotte von Sizilien aus das Mittelmeer; seine Anhänger waren Anhänger der ehemaligen pompeianischen Partei seines Vaters, Seeräuber, frühere Gegner Caesars und außerdem 30 000 entlaufene Sklaven. Nachdem sich Octavian, Antonius und Lepidus 40 v. Chr. geeinigt hatten und die Herrschaft im Vertrag von Brundisium unter sich als Triumvirn aufgeteilt worden war, fühlte sich der rebellische Sohn des großen Pompeius benachteiligt und hinderte die Getreideschiffe aus Afrika daran, nach Italien zu gelangen, womit er eine Hungersnot auf der Halbinsel heraufbeschwören wollte. Als nun der Senat den Konflikt zu entschärfen versuchte und Pompeius große Zugeständnisse machte – so durfte er Sardinien, Korsika und Sizilien als seinen Machtbereich behalten und es wurde ihm ein Konsulat für das Jahr 35 zugesichert –, konnte Octavian diesen großen Zugewinn an Einfluss nicht hinnehmen und zog gegen Sextus Pompeius in den Krieg. In den Seeschlachten von Mylae und Naulochos vor der Nordküste Siziliens (36 v. Chr.) gelang es schließlich *Agrippa*, seinem General, die Streitmacht des Sextus Pompeius vernichtend zu schlagen. Kurz darauf konnte auch Lepidus entmachtet werden, Octavian war damit Beherrscher des gesamten Westen des Reiches. Obwohl den Sklaven vertraglich Straffreiheit zugesichert worden war, wurden sie ihren früheren Herren übergeben, damit diese sie bestraften, 6000 von ihnen wurden gar gekreuzigt, weil man ihre Herren nicht mehr ausmachen konnte.

Augustus erwähnt in einer Art *damnatio memoriae* den eigentlichen Krieg mit Sextus Pompeius mit keinem Wort und tut so, als habe er das Reich von einer Plage von Seeräubern und entlaufener Sklaven befreit.

Der Treueeid, von dem Augustus im Folgenden spricht, ist der Klientel-Eid von 32 v. Chr. kurz vor dem Entscheidungskrieg gegen Antonius im Osten des Reiches. Der Eid wurde auf die Partei des späteren Princeps geleistet und sollte die Gefolgschaft, die Klientel, an ihren *patronus* binden. Die Aussage, dass der Eid von ganz Italien geleistet wurde – und dazu noch freiwillig – und Octavian als Anführer gefordert wurde, ist vielleicht seiner Propaganda geschuldet, um auf den Senat, der zum Teil noch auf Seiten des Antonius stand, Druck auszuüben. Einer solchen freiwilligen Manifestation des gesamten Volkswillens, die in einem offiziellen Dokument wie dem Tatenbericht verkündet wird, darf man wohl misstrauen. Ein solcher Eid konnte legal nicht die Übertragung eines *imperiums*, einer militärischen Vollmacht, bedeuten. Doch diese Frage stellte sich im Jahre der Schlacht von Actium nicht mehr, denn 31 v. Chr. besaß Octavian in seinem Amt als Konsul allemal die militärische Vollmacht.

26. Auswärtige Kriege und Expansionspolitik

Während das Ende der langen Bürgerkriege und die Neuordnung des Reiches für Rom und seine Provinzen den lang ersehnten Frieden brachten und mit ihm Stabilität, Wohlstand und eine kulturelle Blütezeit begann, wofür Augustus schon zu seinen Lebzeiten verehrt und gefeiert wurde, führte der Princeps mit seinen Nachbarn Krieg. Im Innern herrschte weitgehend Ruhe und die von ihm begonnene Friedensphase, die *Pax Augusta*, hielt noch lange nach seinem Tod an, doch seine expansive Außenpolitik trägt stark imperialistische Züge. Die Soldaten mussten weiter beschäftigt werden, und Augustus wollte auch durch seinen Ruhm als Feldherr seine mächtige Stellung im Staat betonen und zur Schau stellen. Kein Herrscher hat wie er die Grenzen des römischen Imperiums erweitert. *Pacare – befrieden* nennt er das, was andere erobern nennen; und der Princeps legte immer Wert darauf, dass es ein *bellum iustum* war, ein gerechter Krieg, den er seinen Gegnern auferlegte. All dies geschah getreu der Verheißungen, die der Ahnherr *Aeneas* von seinem Vater Anchises in der Unterwelt erhalten hatte und mit denen Vergil das Sendungsbewusstsein Roms mythisiert und ideologisch überhöht:

Tu regere imperio populos, Romane, memento,

Hae tibi erunt artes: pacique imponere morem, Parcere subiectis et debellare superbos. (Aeneis 6, 851–853)

(»Du Römer, denke daran, mit deinem Befehl über die Völker zu herrschen: Deine Künste werden es sein, dem Frieden Gesittung zu bringen, diejenigen, die sich unterworfen haben, zu schonen, und die, die sich übermütig auflehnen, niederzukämpfen.«)

Die Eroberungen des Princeps, mit denen er sich als Nachfolger Alexanders des Großen präsentieren will, gehen weit in ferne Länder und über noch nie zuvor befahrene Meere. Das Imperium Romanum erlangt unter Augustus seine endgültige Form, auch wenn andere Kaiser nach ihm das Reich immer noch weiter auszudehnen versuchten.

Zunächst erwähnt Augustus die Erweiterung und Abrundung bereits eroberter Gebiete: Gallien, Spanien und Germanien.

Nachdem Caesar Gallien fast gänzlich erobert hatte (58–50 v. Chr.), wagten sich die Germanen wieder in diese Provinz vor, denn die römischen Truppen waren durch die Kämpfe zwischen Octavian und Antonius gebunden. In den Jahren 28/27 v. Chr. unterwarf Octavian die Provinz aber endgültig durch Feldzüge gegen die Moriner und Aquitaner und teilte sie in die Einzelprovinzen *Belgica, Lugdunensis* und *Aquitania* auf. Danach brach er nach Spanien auf, wo sich im Norden die Kantabrer mit anderen Stämmen gegen Rom erhoben hatten; auch auf der iberischen Halbinsel wollte er die Eroberungen aus republikanischer Zeit, die schon während des

Zweiten Punischen Krieges (218–201 v. Chr.) begonnen hatten, fortsetzen und das Reich bis an die Grenze der bekannten Welt am Ozean ausdehnen; zunächst leitete er den Krieg gegen die Kantabrer (27–25 v. Chr.) selbst, unterstützt von seinem Feldherrn Titus Tatilius Taurus; es gelang aber erst 19 v. Chr. seinem Feldherrn Agrippa, den Widerstand der Stämme zu brechen, wonach es dann dort, wie häufig unter Augustus, zu einer territorialen Neugliederung kam.

Der Fokus der augusteischen Außenpolitik lag in Mittel- und Nordeuropa. Im Jahre 16/15 v. Chr. drangen römische Truppen unter der Führung von Augustus' Stiefsöhnen Drusus und Tiberius weit nach Mitteleuropa vor und eroberten den Alpenbogen von der Côte d'Azur bis nach Österreich und Julisch-Venetien, drangen bis ins bayrische Alpenvorland hinein und überschritten auf breiter Front den Rhein. Darauf stießen die Truppen weiter nach Norden vor und schoben die Grenzen des Imperiums entlang des Mains und bis zur Weser vor.

Südlich der Donau wurden dann 14–9 v. Chr. und 6–9 n. Chr. die Provinzen *Noricum* (Österreich) und *Pannonien* (Ungarn), *Dalmatien* und *Moesien* (Serbien) gesichert und neu eingerichtet, sodass sich die römische Herrschaft südlich der Donau bis zum Schwarzen Meer erstreckte. Zu Ehren von Augustus' Alpenfeldzug wurde 7/6 v. Chr. in *La Turbie* in den Seealpen oberhalb von Monaco das *Tropaeum Alpium* errichtet, ein Siegesmonument, auf dem eine Inschrift 46 Stämme auflistet, die während des Alpenfeldzugs von den Römern besiegt worden sind.

Die Eroberung der Gebiete nördlich der Alpen war für die Römer wichtig, da sie so die Germanen von Süden und von Osten umfassen und zudem ihre Truppen während der Kriegszüge über die Flüsse besser versorgen konnten.

In den Jahren 12–9 v. Chr. begannen dann unter Drusus, dem Stiefsohn des Princeps, mit schnellen Erfolgen die Eroberungen über den Rhein nach Norden; der Krieg weitete sich bis zur Elbe aus, und nach dem plötzlichen Tod des Drusus bei einem Sturz von seinem Pferd hatte sein Bruder Tiberius das Gebiet zwischen Rhein und Elbe unterworfen. Doch Tiberius wurde aufgrund eines Aufstands in Pannonien abgezogen, und so standen die Legionen unter keiner wirklichen Führung mehr. Jäh unterbrochen wurde deshalb der Siegeszug in Germanien 9 n. Chr. im Teutoburger Wald: Der Cheruskerfürst *Arminius*, auch *Hermann der Cherusker* genannt, vernichtete drei Legionen des römischen Feldherrn *Publius Quinctilius Varus*. Von dieser Niederlage, die für ihn wie eine Tragödie gewesen sein musste, schweigt Augustus in seinem Tatenbericht. »Quinctilius Varus, gib mir meine Legionen zurück!«, soll er allerdings nach *Sueton (Aug. 23)* gerufen haben und in eine tiefe Depression gefallen sein. Monatelang hatte er sich zum Zeichen der Trauer weder Haar noch Bart scheren lassen. Im Jahr 16 n. Chr. war Rom zum Rückzug hinter die Rhein-Donaulinie gezwungen, was die Errichtung des Limes als befestigte Grenze gegen Germanien zur Folge hatte.

Die im Bericht geschilderte Erkundungsfahrt zur See, die von der Mündung des Rheins bis nach Jütland führte, fand 5 n. Chr. unter Tiberius statt und soll mit der Erwähnung, dass noch nie ein Römer diese Gebiete betreten hatte, an die Züge Alexanders des Großen bis ans Ende der Welt erinnern. Der griechische Geograf *Strabon*, Zeitgenosse der Ereignisse, erzählt in seinem Werk *(Geographika 7,2,1)* von der Gesandtschaft der Kimbern zu Augustus: »Die Kimbern sandten dem Kaiser als Geschenk ein heiliges Gefäß, baten um die Freundschaft des römischen Volkes und um Verzeihung für ihr früheres Verhalten.« Dieses frühere Verhalten lag ganze 100 Jahre zurück und war den Römern immer noch in schmerzlicher Erinnerung und als *furor teutonicus* zu einem wahren Trauma geworden: Die germanischen Stämme der Kimbern und Teutonen waren in das römische Reich eingefallen, hatten den Römern 113 v. Chr. bei Noreia und 105 v. Chr. bei Arausio eine empfindliche Niederlage beigebracht, bis sie endlich vom römischen Feldherrn *Marius* 102 v. Chr. bei Aquae Sextiae und 101 v. Chr. bei Vercellae vernichtend geschlagen werden konnten.

Die Eroberungszüge ins *Arabia felix* (giechisch *eudaimon*), das man das »Glückliche« nannte – im Gegensatz zur reinen Wüste der *Arabia deserta* –, und nach *Äthiopien* (25–22 v. Chr.) sollten den Besitz von Ägypten sichern und waren zudem wirtschaftlichen Erwägungen wie dem Handel mit orientalischen Waren geschuldet. Die Expeditionen in diese an der äußersten Grenze der bewohnbaren Welt liegenden Gebiete, die bis ins Innere des äthiopischen Reiches von Meroe im heutigen Sudan und auf der Arabischen Halbinsel bis zum Weihrauchland von Saba im heutigen Jemen führten, waren letztendlich aber ein großer Misserfolg.

27. Weitere Expansion und Konsolidierung im Osten des Reichs

Nach der Schlacht von Actium machte Octavian Ägypten 30 v. Chr. zur kaiserlichen Provinz mit Sonderstatus. Damit hatte das letzte bedeutende hellenistische Königreich, das der Ptolemäer als Nachfolger Alexanders des Großen, sein Ende gefunden. Wegen seines Getreidereichtums – das Land lieferte ein Drittel des notwendigen Bedarfs für Rom – behielt Ägypten für den Princeps immer eine Sonderstellung. Er unterstellte es sich persönlich als Provinz, machte Gallus, einen ritterlichen Präfekten, zum Oberhaupt der Verwaltung und verbot auch den Mitgliedern des senatorischen Standes, einen Fuß in dieses Land zu setzen – alles aus Furcht vor Unruhen und einem Aufstand.

Die komplizierte Thronfolge in *Armenien* stellte für Rom ein großes Problem dar, das gelöst werden musste. Als Klientelstaat stand das kleinasiatische Königreich unter der Aufsichtsmacht Roms, was diesem ein Mitspracherecht gab, ohne dass es sich um die Verwaltung und militärische Sicherung des Gebiets zu kümmern brauchte. Als der römerfreundliche König Artaxes von *Armenia maior* 20 v. Chr. ermordet wurde, sandte Augustus dessen jüngeren Bruder Tigranes II., der zehn Jahre lang in Rom gelebt hatte, auf Bitten der Armenier in ihr Land und ließ ihn von Tiberius feierlich krönen. Doch immer wieder kam es zu Unruhen in dem Pufferstaat zum Partherreich, ebenfalls ein Problemland für Rom. Nach dem Tod von Tigranes II. gab es weitere Spannungen; zwar konnten sich die Armenier und Gaius Caesar, der Enkel und Adoptivsohn des Princeps, einigen, doch ließ sich der nächste von Rom gestützte Herrscher nicht halten, und im folgenden Krieg in Armenien kam auch noch Gaius um, der geliebte Enkel von Augustus, den er schon zu seinem Nachfolger designiert hatte. Als letzten sandte der Princeps Tigranes IV. in den Pufferstaat und Zankapfel zwischen Rom und dem Partherreich, das in seinem steten Expansionsdrang nach Westen Armenien immerzu bedrohlich war.

Nach dem Sieg bei Philippi hatten sich die Triumvirn das Reich im Vertrag von Brundisium 40 v. Chr. erneut aufgeteilt: Octavian fielen Spanien, Gallien und die westlichen Mittelmeerinseln zu, für Lepidus wurde Afrika bestimmt, und die östlichen Provinzen wie z. B. die erwähnten Phönikien, Kilikien und Syrien und ebenso Kyrene, eine alte griechische Stadt in Libyen, hatte nun Antonius in seinem Machtbereich. Als dieser mit Kleopatra ein Bündnis eingegangen war und aus deren Beziehung gemeinsame Kinder hervorgegangen waren, hatte er diesen einige seiner östlichen Gebiete vererbt und sie dort als Könige eingesetzt. Nach dem Sieg gegen Antonius hatte Octavian nun diese Gebiete ebenso zurückgewonnen wie schon zuvor 36 v. Chr. die Inseln Sizilien und Sardinien nach seinem Sieg über Sextus Pompeius (vgl. Kap. 25).

Zum Schicksal der vier Kinder Kleopatras sei noch vermerkt: *Caesarion*, der gemeinsame Sohn mit Gaius Iulius Caesar, lebte von 47–33 v. Chr. in Alexandria. Er war von 44–30 v. Chr. Mitregent seiner Mutter und wurde nach deren Selbstmord im Jahre 30 v. Chr. auf Befehl Octavians getötet. Im Unterschied zum älteren Halbbruder blieben die drei jüngeren Kinder Kleopatras, die sie mit Marcus Antonius hatte, am Leben; sie mussten in Rom im Triumphzug des Princeps als lebende Kriegsbeute neben einem Abbild ihrer toten Mutter mitlaufen und kamen in den Haushalt von Augustus' Schwester Octavia, die sie gemeinsam mit zwei Halbschwestern aufzog. Sie sind früh gestorben, wohl ohne ein Zutun des Siegers.

28. Veteranenkolonien zur Konsolidierung der Provinzen und Italiens

Hatte Augustus schon in Kap. 16 von Veteranenansiedlungen zur Versorgung der altgedienten Soldaten gesprochen, so erwähnt er diesmal die Kolonien als Mittel zur Sicherung, Konsolidierung und Romanisierung der eroberten Gebiete. Durch die Ansiedlung römischer Bürger weitab von Italien soll die römische Kultur dort heimisch gemacht werden; erst wenn sich in den eroberten Gebieten die lateinische Sprache durchsetzt und die dortigen Einwohner die Annehmlichkeiten römischen Lebens kennenlernen (Thermen, Architektur, Theater usw.), werden sie sich der Eroberung nicht mehr widersetzen und sich unmerklich romanisieren. Der römische Historiker *Tacitus* (54–117 n. Chr.) entlarvt in seinem Werk *Agricola (cap. 21)* die eigentliche Absicht und die Taktik dieser Romanisierungen: Um das Volk der Britannier durch Annehmlichkeiten an Ruhe und Frieden zu gewöhnen, forderte der Feldherr Agricola sie auf, Tempel, Marktplätze und Wohnhäuser zu errichten; er ließ die Söhne der führenden Leute in Geisteswissenschaften unterrichten, d. h. griechische und römische Literatur und Philosophie, und brachte ihnen die lateinische Sprache bei. Allmählich fanden sie, die Unterworfenen, dann Geschmack an Säulengängen, Thermen und glanzvollen Festen und Gelagen. Er schließt: *Idque apud imperitos humanitas vocabatur, cum pars servitutis esset* (»Unerfahren wie sie waren, nannten sie das dann feine Bildung, während es doch in Wirklichkeit ein Teil ihrer Versklavung war.«)

Schon in republikanischer Zeit wurden im Zuge von Roms Expansionspolitik auf der italienischen Halbinsel zur Sicherung der neu dazu gewonnenen Gebiete *coloniae* angelegt. Zur Versorgung seiner Veteranen nahm Caesar diese Einrichtungen wieder auf, und sein Nachfolger Augustus verstärkte sie noch, sodass es, zumal in Italien, schwierig zu unterscheiden ist, welche Kolonien von Caesar und welche von Augustus gegründet worden sind, da eine Kolonie häufig nur als *colonia Iulia* bezeichnet wird. Neben Neugründungen gab es unter Augustus aber auch viele Erweiterungen und Neuanordnungen von schon vorher gegründeten *coloniae*. Einige Bespiele solcher Kolonien:

In der Provinz *Africa* war die bedeutendste Kolonie *Iulia Concordia Carthago*, welches auch das administrative Zentrum dieser *provincia proconsularis* war. In Sizilien befanden sich die meisten Neuansiedlungen an der Nord- und Ostküste, von wo aus die Verbindung zum Festland leichter zu bewerkstelligen war: *Syracusae, Catina* (Catania), *Tauromenium* (Taormina) und *Panormus* (Palermo) waren die bedeutendsten. Veteranen, die bei Actium unter seinem Gegner Antonius gekämpft hatten, siedelte Augustus vor allem in *Macedonia* an: in *Dyrrhachium* (heute Durres in Albanien) oder in *Cassandrea* auf der griechischen Halbinsel Chalkidike. In Spanien sind *Barcino* (Barcelona) und *Caesaraugusta* (Saragoza) zu nennen und für *Lusitania*, das heutige Portugal, *Emerita* (Mérida). In Griechenland (*Achaea*) war *Patrae* (Patras) bedeutend, weil von dort aus der Sprung nach Italien recht kurz war. Für *Asia* (Kleinasien) ist das einzige greifbare Beispiel *Alexandria Troas* (bei Çanakkale in der Türkei), für Syrien *Berytus* (Beirut im Libanon), für die *Gallia Narbonensis*, die heutige Provence, sind es *Arausio* (Orange) und *Forum Iulii* (Fréjus), für die *Gallia Belgica* ist es *Augusta Treverorum* (Trier), in *Pisidien*, das in der anatolischen Provinz *Galatia* liegt, gab es wichtige Neugründungen in *Lystra, Comama, Cremna* und *Olbasa*.

Eine neue Kolonie in Italien war *Augusta Praetoria Salassorum*, das heutige Aosta, dessen italienischer Name noch an den Princeps erinnert, der es im Zuge seiner Eroberung des Alpenbogens (vgl. Kap. 26) dem Imperium angegliedert hatte. Neben Aosta sind auch noch Autun in der Bourgogne (*Augustodunum*), Trier (*Augusta Treverorum*), Augsburg (*Augusta Vindelicorum*) und Augst (*Augusta Raurica*) in der Nordschweiz nach dem Herrscher benannt.

29. Rückgabe römischer Feldzeichen

Jede römische Legion verehrte ihre Feldzeichen, besonders den Legionsadler, Iuppiters Vogel. Am Jahrestag der Gründung einer Legion wurde feierlich der *natalis aquilae*, der Geburtstag des Adlers, gefeiert. Ein Verlust dieser silberglänzenden *Aquila* wurde in Rom als Schmach und Schande betrachtet und konnte sogar zur Auflösung des Truppenverbandes führen. Es galt deshalb als Pflicht, die verloren gegangenen Feldzeichen zurückzuholen.

In Spanien errang Augustus während des Krieges gegen die Kantabrer (vgl. Kap. 26) die Feldzeichen zurück, die dort von iberischen Stämmen den Söhnen des Pompeius weggenommen worden waren. In Dalmatien kamen während der Bürgerkriege 48 und 44 v. Chr. die symbolträchtigen Legionsadler in die Hände dortiger Stämme und wurden 23 v. Chr. zurückerstattet. Von den in Gallien verlorenen Feldzeichen ist nichts bekannt. Die Rückgabe der gegen die Parther verloren gegangenen Feldzeichen war allerdings als Tilgung einer Schmach so wichtig, dass sie mitten auf dem Brustpanzer der überlebensgroßen Statue des *Augustus von Primaporta* dargestellt wird.

Marcus Licinius Crassus hatte auf seinem Feldzug gegen die Parther im Jahre 53 v. Chr. in der Schlacht von Carrhae eine vernichtende Niederlage erlitten und war dort bei Kapitulationsverhandlungen getötet worden; am demütigsten war jedoch der Verlust der römischen Feldzeichen, die es von nun an galt, zurückzuholen. Als erster wollte es der große Caesar versuchen, der jedoch, bevor er 44 v. Chr. in die Schlacht gegen die Parther ziehen konnte, die sich als einzige Großmacht im Osten erfolgreich gegen die Eroberung durch Rom widersetzten, an den Iden des März getötet wurde. Zehn Jahre später versuchte Marcus Antonius die Ehre Roms auf einem Feldzug gegen die Parther wiederherzustellen, scheiterte jedoch kläglich, wobei obendrein erneut römische Feldzeichen in die Hände der Feinde fielen. Nun waren die Erwartungen an Augustus groß: Im Jahr 22 v. Chr. brach er für drei Jahre an die Ostgrenze des Reiches auf und erreichte 20 v. Chr. in Verhandlungen mit dem Partherkönig Phraates IV. – er drohte ihm mit einem römischen Angriff – die Herausgabe der Zeichen sowie der noch lebenden Gefangenen, wofür er sich in Rom feiern ließ. Nach der Fertigstellung seines großen Mars-Ultor-Tempels auf dem nach ihm benannten Forum 2 v. Chr. (vgl. Kap. 21) wurden die wieder erlangten Feldzeichen dort aufgestellt; vorher nahm ein eigens dafür errichteter Rundbau sie vorläufig auf.

Sarkophag mit der Darstellung eines Kampfes zwischen Römern und Markomannen

30. Kontrolle über die Donauländer. Die Heereszüge gegen Pannonien und die Daker

Schon 35–33 v. Chr. hatte der spätere Augustus während des Illyrischen Krieges gegen Stämme aus Pannonien gekämpft, aber erst Tiberius konnte die Gebiete 12–9 v. Chr. erobern und dem Imperium angliedern. Als Tiberius nach dem Tod des Drusus den Oberbefehl in Germanien erhielt und gegen den Markomannenführer Marbod in den heutigen Böhmerwald ziehen wollte, brach in Illyrien der große Pannonisch-Dalmatische Aufstand (6–9 n. Chr.) los, und Tiberius zog aus Germanien ab, um diesen niederzuwerfen. *Pannonia* und *Dalmatia* waren Teile der Provinz *Illyricum*, dem nordwestlichen Teil der Balkanhalbinsel. Es gelang dem Feldherrn, den Aufstand zu unterdrücken, und ein römisches Heer überschritt die Donau und zog nach *Dacia* (östliches Ungarn und heutiges Rumänien), um die dortigen Stämme zu bekämpfen, die den Aufständischen zu Hilfe gekommen waren. Die Römer konnten die Donaulinie zwar halten, aber darüber hinaus ganz Dakien dem Imperium Romanum einzuverleiben und es zu einer römischen Provinz zu machen, sollte erst in zwei großen Kriegen (101/102 und 105/106) Kaiser Trajan gelingen. Die rumänische Sprache ist bis heute inmitten anderer Sprachfamilien in Osteuropa eine romanische Sprache, die aus der Mutter Latein hervorgegangen ist.

Eine kleine Anmerkung: Kurz vor seiner Rückkehr nach Rom erreichte Tiberius noch die Hiobsbotschaft, dass Varus mit seinen drei Legionen im Teutoburger Wald untergegangen war, in eine Falle gelockt ausgerechnet vom Cheruskerfürsten Hermann, der sich als Arminius doch so im römischen Heeresdienst ausgezeichnet hatte.

31. Diplomatische Erfolge. Gesandte aus fernen Ländern

Die Kapitel 31 bis 33 sollen belegen, dass Roms Einfluss weit über seine Grenzen hinausgeht und dass es mit dem ganzen *orbis terrarum*, der bewohnten Welt, friedvoll umgeht und sich die Welt nicht nur unterwerfen will, sondern die Freundschaft seiner nahen und fernen Nachbarn sucht. Schon die exotischen Namen von Ländern und Menschen präsentieren Augustus' Einfluss über alle Grenzen hinweg und vermitteln von ihm das Bild eines charismatischen Friedensfürsten, als welchen er sich auch gerne sehen lassen wollte. Dass Augustus zunächst die Gesandtschaft der Könige aus Indien nennt, zeigt, dass er sich dem schon damals legendären Alexander dem Großen gleichsetzen will, der 326 v. Chr. auf seinem Feldzug gen Osten die Welt bis zu deren Ende erobern wollte. Das sagenhafte Indien begann in der Sicht der Antike an der Ostgrenze Persiens und umfasste das heutige Afghanistan, Pakistan und die indische Halbinsel. Der Geschichtsschreiber *Orosius* (5. Jh. n. Chr.) berichtet von einer Gesandtschaft indischer und skythischer Könige, die den ganzen Erdkreis durchmessen hätten, dem Herrscher 25 v. Chr. bis nach Spanien nachgereist seien und ihn dort als neuen Alexander den Großen begrüßt hätten. Und es gab noch eine weitere Gesandtschaft, die den Princeps 20/19 v. Chr. auf der Insel Samos aufsuchte, ihm die Grüße vom indischen König *Poros* überbrachte und ihm seine Freundschaft anbot. Poros hieß bezeichnenderweise auch der indische König, den Alexander in der Schlacht am Hydaspes (326 v. Chr.) besiegte, ihn dann begnadigte und zu seinem dortigen Statthalter machte. Mit seiner Bewunderung für Alexander den Großen steht Augustus in einer langen Tradition der *imitatio Alexandri*, so der Fachbegriff. Die Vorbildfunktion Alexanders, das Bestreben, seine Taten und sein Wirken nachzuahmen, es ihm gleich zu tun oder ihn gar zu übertreffen, gipfelte in einem wahren Herrscherkult um den großen Makedonen: Nach seinem Sieg bei Actium zog Octavian in die Stadt ein, die den Namen ihres Gründers trägt, und hielt 30 v. Chr. dort eine Rede in Griechisch, in der er versprach, die Stadt ihres großen Namensträgers wegen zu schonen. Nach dieser Rede begab er sich zur Gruft Alexanders und ließ sich den einbalsamierten Leichnam zeigen. Dann legte er zum Zeichen seiner Verehrung einen goldenen Kranz und Blumen nieder. Schon für Augustus' Adoptivvater Caesar war der ewig junge Makedone ein Vorbild, ebenso für Marcus Antonius, und in der Kaiserzeit waren viele von Augustus' Nachfahren derart von dem Welteroberer eingenommen, dass sie seine Kriegszüge in den Osten nachahmen wollten. Der als exzentrisch geltende Kaiser Caligula soll sogar eine Brustplatte von der Rüstung Alexanders getragen haben.

Auch die weiteren exotisch klingenden Völker, die in Kapitel 31 aufgezählt werden, bezeichnen Volksstämme im Osten: Die *Bastarner*, Nachbarn der Daker, waren ein indogermanischer Stamm von der Mündung der Donau; bei den *Skythen* handelt es sich um ein Reiternomadenvolk der eurasischen Steppe nördlich des Schwarzen Meeres; die *Sarmaten* waren wie die benachbarten Skythen ein Reitervolk, das im Steppengebiet des heutigen südlichen Russlands am Unterlauf des Tanais, des Flusses Don, siedelte. Die *Albaner*, nicht zu verwechseln mit dem heutigen gleichnamigem Volk, und die *Hiberer* siedelten nördlich vom Kaspischen Meer in den Gebieten des Kaukasus und des heutigen Georgien. Die *Meder* saßen am Zagros-Gebirge im heutigen iranisch-irakischen Grenzgebiet.

32. Weitere diplomatische Gesandtschaften und schutzsuchende Könige

Tiridates II. war ein parthischer König, der sich gegen König Phraates IV. erhoben und ihn zunächst in die Flucht geschlagen hatte; schließlich wurde der Thronusurpator Tiridates jedoch von Phraates IV. besiegt und musste dann 30/29 v. Chr. nach Syrien zu Augustus flüchten, brachte aber dorthin einen von ihm entführten Sohn seines Rivalen Phraates mit und übergab ihn den Römern.

Phraates V., auch Phraatakes »der kleine Phraates« genannt, der von 2 v. Chr. bis 4 n. Chr. regierte. Dieser illegitime Sohn von Phraates IV. heiratete seine Mutter Musa, eine ehemalige Sklavin, die ihren königlichen Gatten hatte vergiften lassen, um den Sohn auf den Thron zu heben. Phraates V. floh nach seiner Absetzung zu den Römern nach Syrien.

Der Mederkönig *Artavasdes* war ein Verbündeter von Marcus Antonius, mit dessen Hilfe er in das Königreich Armenien unter *Artaxes* II. eingefallen war. Nach der Schlacht von Actium aber vertrieb Artaxes mit parthischer Hilfe Artavasdes, der dann bei Augustus Zuflucht suchte.

Auch König *Artaxares von Adiabene*, einem Gebiet im nördlichen Mesopotamien zwischen Tigris und dem Zagrosgebirge, suchte, von den Parthern vertrieben, Schutz bei Augustus.

Der britannische *Dumnobellaunus* war der König des Stammes der Trinovanten, deren Hauptsitz Camulodunum (Colchester) war; *Tincommius* oder auch vielleicht *Tincomarus* mit Namen war Anführer der Atrebaten südlich der Themse im Gebiet des heutigen Hampshire.

Der germanische Stamm der *Sugambrer*, die ursprünglich am Niederrhein und an der Lippe siedelten, war 16 v. Chr. ins römisch besetzte Gallien eingedrungen, hatte ein Heer der Römer unter Marcus Lollius besiegt und ihm sogar einen Legionsadler abgenommen. Unter ihrem Anführer *Maelo* drangen die Sugambrer 12 v. Chr. erneut in Gallien ein, wurden jedoch von Drusus besiegt und unterwarfen sich. Endgültig hat sie dann erst 8 v. Chr. Tiberius bezwungen und auf das linke Rheinufer umgesiedelt. Maelo kam mit seinen Leuten (nicht ganz so freiwillig, wie es Augustus glauben machen will) nach Rom und wurde dort gefangen genommen. Deudorix, ein Neffe des früheren Königs Maelo, wurde noch 17 n. Chr. im Triumphzug des Germanicus in Rom als Gefangener mitgeführt.

Die Markomannen waren der kriegerischste Stamm der *Sueben*, die im Gebiet von Elbe und Main siedelten. Im Rahmen der Drususfeldzüge (12–8 v. Chr.) wurden sie von den Römern besiegt und wichen dann unter ihrem Fürsten *Marbod* nach Böhmen aus (vgl. Kap. 30). Der Name des Markomannenfürsten in Kap. 32 ist nicht leserlich; nur eine Endung – *ros* – ist in der griechischen Fassung im *Monumentum Ancyranum* zu erkennen.

Der Partherkönig *Phraates IV.*, Sohn von *Orodes II.*, schickte 10/9 v. Chr. seine vier legitimen Söhne Vonones, Phraates, Rhodaspes und Seradaspes als Geiseln zu M. Titius, dem Statthalter von Syrien, um seinem fünften Sohn Phraataces, den er gemeinsam mit einer ihm von Augustus geschenkten Sklavin hatte, die Nachfolge zu sichern. Die vier Prinzen kamen nach Rom und wurden dort gemeinsam mit Augustus' Kindern aufgezogen. Nach der kurzen Regierung von Phraataces als Phraates V. (6–9 n. Chr.) setzte der Adel Orodes II. ein; danach besetzte Augustus den Thron mit Vonones, einem der oben erwähnten legitimen Prinzen von Phraates IV., was zum nächsten Kapitel des Tatenberichts überleitet. Die Söhne Rhodaspes und Seradaspes waren in Rom gestorben.

33. Römische Hilfe für fremde Dynastien

Es handelt sich um den oben erwähnten *Vonones*, den Sohn Phraates IV., den Augustus 9 n. Chr. zurück in seine Heimat schickte und dort zum König der Parther machte.

Zur gleichen Zeit setzte Augustus *Ariobarzanes* in Medien als König ein; dieser war ein Sohn des *Artavasdes*, den Augustus in Kap. 32 erwähnt, dessen Vater *Ariobarzanes* wiederum war 2. n. Chr. von C. Caesar, Augustus' Adoptivsohn und Enkel, eingesetzt worden. Somit hatte Rom das Königreich der Parther und zugleich das der Meder als Vasallenstaat.

34.–35. Der Beginn des Prinzipats: Der Erste unter Gleichen und die scheinbare Rückkehr zur alten res publica

Als Höhepunkt und Krönung seines politischen Lebens sieht Augustus die Rückgabe seiner außerordentlichen Sonderrechte und Vollmachten (wie z. B. die Gesetzgebung und die Befehlsgewalt über Heer und Provinzen) an den Senat und das Volk Roms. Schon an der Struktur der *Res Gestae* lässt sich erkennen, dass er seine politische Laufbahn in zwei scharf getrennte Abschnitte einteilt, die durch die Verleihung des Titels *Augustus* geschieden werden. Bis dahin war er im Besitz einer außerordentlichen Machtstellung gewesen, die er sich weder angemaßt noch je missbraucht habe, wie er es in den Anfangskapiteln, welche ausschließlich seinem Aufstieg zur alleinigen Macht im Staat in der Zeit von 44–27 v. Chr. gewidmet sind, erscheinen lassen will. Von dem Zeitpunkt an aber, als die Bürgerkriege durch ihn ein Ende gefunden hatten und im Innern des Reiches Friede herrschte, wollte er nur noch der erste Bürger im Staate sein. So zählt denn das Jahr 27 v. Chr. auch als der Beginn des Prinzipats und des römischen Kaisertums überhaupt.

Vom 13. Jan. 27 v. Chr. an kam es in Rom zu einem mehrtägigen Festakt, der die langen Jahre der inneren Wirren und Bürgerkriege offiziell beendete. Zu Beginn seines damaligen Konsulats gab Augustus dem Senat und dem Volk die fast unbeschränkten Machtbefugnisse zurück, die ihm von diesen beiden Gremien verliehen worden waren oder die er sich von ihnen bisweilen erschlichen und unter einer dünnen Decke der Legitimität gar gewaltsam angeeignet hatte, und beendete damit offiziell das Triumvirat. Dafür wurde ihm auf Beschluss des Senats der Ehrenname *Augustus*, der Erhabene, verliehen, ein Name, der auf den sakralen Bereich zurückgeht und den *Princeps* – dieser Titel wurde ihm im gleichen Zuge verliehen (vgl. Kap. 7) – schon etwas in die Göttlichkeit versetzt, die ihm offiziell erst nach seinem Tod zuteilwerden wird. Während der Zeremonie wurden die Türpfosten seines Hauses mit Lorbeer geschmückt, einer Pflanze, die Iuppiter und Apoll heilig war und symbolisch auch für den Triumphator steht. Der Bürgerkranz *(corona civica)* aus Eichenlaub an seiner Tür war eine militärische Auszeichnung für einen Bürger, der einen anderen im Krieg vor dem Tod errettete, und soll hier im übertragenen Sinn Augustus als Lebensretter aller Römer in den Bürgerkriegen auszeichnen. Der goldene Schild ehrt den Princeps wegen seiner römischen Tugenden, die schon von den Vorfahren, dem Maß aller Dinge, ausgeübt wurden und die Rom groß gemacht haben (vgl. Kap. 8): Tapferkeit, Milde, Gerechtigkeit Pflichtbewusstsein, d. h. Treue gegen Götter und Vaterland. Eine Marmornachbildung dieses Schildes wurde im Untergeschoss einer Säulenhalle im provenzalischen Arles gefunden.

Damit war formal die alte Ordnung der Republik wiederhergestellt, in Wirklichkeit aber handelte es sich um eine Monokratie mit republikanischer Fassade. Wenn der Princeps behauptet, dass er von nun an nur durch seine persönliche *auctoritas* allen anderen voran steht und nicht durch eine rechtmäßige Amtsgewalt (*potestas*), verschweigt er wiederum wichtige Sonderrechte, die nur ihm zustanden und ihn so de facto zum Alleinherrscher machten. Vor allem ist es die ungewöhnliche Verbindung zweier republikanischer Ämter, die ihm weiter eine Sonderstellung im nur scheinbar noch republikanischen Staat verlieh: er ließ sich die Amtsgewalt eines Prokonsuls (27 v. Chr.) und ein paar Jahre später die eines Volkstribunen (23 v. Chr.) übertragen. Zugleich mit der Übertragung der tribunizischen Gewalt legte er aber das Konsulat, das er seit 31 v. Chr. ununterbrochen innehatte, nieder (vgl. Kap. 4).

In der nächsten Sitzung nach seiner Ehrung als *Augustus* übertrug der Senat ihm aber schon am 16. Jan. 27 v. Chr. die prokonsularische Gewalt über die Hälfte aller römischen Provinzen, die andere Hälfte blieb beim Senat. Im Imperium gab es von nun an kaiserliche und senatorische Provinzen. Als Prokonsul bekam Augustus die Macht über die wichtigen Provinzen, in denen ein Heer präsent sein muss: Hispania Tarrocensis, Gallia (Aquitania, Belgica und Lugdunensis), Cilicia, Aegyptus und Syria, wo 20 Legionen stationiert waren, und diese an und für sich befristete prokonsularische Gewalt hat er sich immer wieder verlängern lassen. Der Senat erhielt die militärisch befriedeten Provinzen, in denen der Staathalter (*proconsul*) ohne Heer auskommen musste: Africa, Numidia, Asia, Achaia, Dalmatia, Gallia Narbonensis (heutige Provence), Hispania Baetica, Macedonia, Sicilia, Creta, Cyrene, Bithynia und Sardinia.

Die tribunizische Gewalt (vgl. Kap. 4), der zweite Pfeiler seiner Allmacht, gab ihm das Recht, den Senat und Volksversammlungen einzuberufen, vor diesen Gremien Gesetze zu beantragen, sein Veto gegen die Beschlüsse dieser beiden römischen Verfassungsorgane einzulegen und den Konsuln Amtshandlungen zu verbieten; zudem hatte er vorher schon (36 v. Chr.) die *sacrosanctitas*, die persönliche Unverletzlichkeit, erhalten (vgl. Kap. 10). Außerdem stand ihm dank des *imperium proconsulare maius* (23 v. Chr.) das gesamte Heer zur Verfügung, und die ursprünglich plebejische tribunizische Gewalt gab ihn, den Patrizier, als Schutzpatron der *plebs* aus. Betont er auch in Kap. 34, dass er nur kraft seiner *auctoritas*, die ihm die Mitbürger wegen seiner Persönlichkeit zuerkannten, den Staat lenken wolle, so kann er doch von nun an immer wieder aufgrund der Verbindung dieser beiden republikanischen Amtsgewalten seinen eigenen Willen als Staatslenker durchsetzen. Die Anhäufung solcher republikanischer Amtsbezeichnungen und Befugnisse steigerte die Machtmöglichkeiten des Princeps bis hin zur Monokratie, mag er auch noch so nachdrücklich auf die *auctoritas* als tragendes Element seiner Herrschaft verweisen.

Der Titel *pater patriae*, Vater des Vaterlandes, den der Senat, der Ritterstand und das ganze römische Volk Augustus 2. v. Chr. verliehen hatten, ehrte und erfreute den Princeps sicherlich besonders. Es war ein alter republikanischer Titel, der bereits Marius und Sulla, aber auch Cicero (aufgrund seines Niederschlagens der Catilinarischen Verschwörung) 63 v. Chr. und gleichfalls Caesar 45 v. Chr. verliehen worden war. Vor dem marmornen Mars-Ultor-Tempel auf dem Augustusforum stand eine Statue des Princeps, auf deren Sockel sich die Inschrift *pater patriae* befunden haben soll (vgl. Kap. 21,1).

Eine Ehrung, die Augustus erstaunlicherweise nicht in seinen Tatenbericht aufnimmt, ist die Umbenennung des Monatsnamens *Sextilis* in *Augustus* im Jahre 8 v. Chr. Er folgt somit direkt auf den Monatsnamen Juli, der nach seinem Adoptivvater Gaius Iulius Caesar aus dem ursprünglichen *Quintilis* in *Iu-*

lius umbenannt worden war. (Angemerkt sei: Ursprünglich hatten die Römer einen Kalender mit nur zehn Monaten im Jahr, das mit dem März begann, sodass der Quintilis, der heutige Juli, der fünfte und der Sextilis, der heutige August, der sechste Monat war; es folgte seinem Namen mit der richtigen Zahl entsprechend der siebte Monat: September, der achte Monat Oktober usw. Im Jahr 153 v. Chr. wurde der Jahresbeginn allerdings um zwei Monate vorverlegt, und von da an entsprach der Name nicht mehr der Zählung. Obwohl im September die Zahl septem = sieben steckt, ist er bekanntermaßen der neunte Monat, das gleiche gilt für die drei folgenden Monate.)

Augustus hat seinen Tatenbericht mit der Altersangabe »mit neunzehn Jahren« begonnen und beschließt ihn nun »in seinem sechsundsiebzigsten Jahr«, zwei zeitliche Pole, womit er seinem gesamten politischen Leben einen Rahmen gibt und dieses als eine eigene Epoche, das augusteische Zeitalter, erscheinen lässt. An allen anderen Stellen, die eine Jahresangabe enthalten, bleibt er bei der in Rom üblichen Angabe der beiden Konsuln, die in diesem Jahr im Amt waren (eponyme Konsuln).

Bei seinem Tod am 19. Aug. 14 n. Chr. lautete sein voller Titel:

IMPERATOR · CAESAR · DIVI · FILIVS · AVGVSTVS,
PONTIFEX · MAXIMVS, TRIBVNICIAE ·
POTESTATE · XXXVII, IMPERATOR ·
XXI, CONSVL · XIII, PATER · PATRIAE

(Imperator Caesar, Sohn des Vergöttlichten,
der Erhabene, Höchster Oberpriester,
37 Mal Inhaber der tribunizischen Gewalt,
21 Mal Imperator· 13 Mal Konsul, Vater des Vaterlandes)

Nach seiner Erhebung zum Gott (*Konsekration*) am 17. Sept. desselben Jahres, nur knapp einen Monat nach seinem Tod, wurde der Titel weitergeführt als:

DIVUS AUGUSTUS DIVI FILIUS
(Der vergöttlichte Augustus, Sohn des Vergöttlichten)

Im Laufe seiner Herrschaft als *princeps* seit 27 v. Chr. gerieten seine früheren Untaten, die er als Octavian gegen die eigenen Bürger verübt hatte, in Vergessenheit, und die lang andauernde Friedenszeit, die *Pax Augusta,* hob sich positiv von den blutigen Wirren der anarchischen Bürgerkriege ab. Die Römer hatten zwar ihre Freiheit (*libertas*) zum größten Teil verloren, wurden aber durch den Zugewinn an Ordnung und Sicherheit (*securitas*) darüber hinweggetröstet. Auch die ungewöhnliche Persönlichkeit, die der spätere Augustus im Gegensatz zum jungen Octavian vorwies, verhalf dazu, dass der Übergang der Macht und der Rechtsordnung vom Volk und der Nobilität auf einen einzigen so unmerklich und friedlich vor sich ging, dass sich die ihrer Macht Beraubten damit abfanden – von einigen Aufständen und Verschwörungen von Familien des alten Senatsadels wie die von *A. Terentius Varro Murena* und von *Fannius Caepio* (23/22 v. Chr.) abgesehen. Und mit der Designierung von Tiberius als Nachfolger lebte das augusteische Prinzipat weiter. Auch in der Folgezeit blieb die Kaiserwürde de iure nie erblich und galt zumindest noch äußerlich als Ausnahmenzustand. Als zeitlicher Endpunkt des Prinzipats gilt unter Historikern die Regierung Diokletians (seit 284), der ein tetrarchisches Regierungssystem, bestehend aus vier Kaisern an die Spitze, etabliert und die Verwaltung, Wirtschaft und Gesellschaft umfassend reformiert hatte. Es war der Beginn der römischen Spätantike.

Appendix

Der Anhang zu den *Res Gestae* ist wohl für die östlichen Provinzen gedacht und sicher nicht von Augustus selbst redigiert, zumal das Verb hierin nicht mehr in der 1. Person, sondern in der 3. Person Singular steht. Zudem werden die Preisangaben nicht in Sesterzen gemacht, sondern allein in Denaren (vgl. Kap. 15), und das war eine monetäre Einheit, die eher im griechisch geprägten Osten des Imperiums in Gebrauch war. Im 4. Kapitel des Anhangs werden außerdem Städte als Empfänger von Geldspenden genannt, die durch Erdbeben oder Feuer in Mitleidenschaft gezogen worden waren: es ist bekannt, dass Städte im griechischen Osten von Augustus mit finanzieller Unterstützung bedacht wurden.

1. Die Summe von 600 Millionen Denaren entspricht 2400 Millionen Sesterzen. Diese Summe in Denaren ist etwas geringer als die in den *Res Gestae* aufgeführte in Sesterzen; es ist wohl eine gerundete Zahl.

2. Vgl. Kap. 19 bis 21 der *Res Gestae*. Die Auswahl und die Reihenfolge im Anhang entspricht nicht der in den *Res Gestae*.

3. Vgl. Kap. 20

4. Vgl. Kap. 22 und 23, wo allerdings von den Erdbeben und Bränden nicht die Rede ist.

Die Beträge, die Augustus zahlte, um das Vermögen von Freunden und Senatoren wieder aufzufüllen und so auf den früheren Stand zu bringen, waren vielleicht nicht so uneigennützig, wie es hier den Anschein hat, denn der Verbleib in einer Vermögensklasse war wichtig für den Verbleib in einem Amt. So waren etwa 400 000 Sesterzen das Mindestvermögen für den Ritterstand, für den Senatorenstand waren es früher 800 000 Sesterzen, die Augustus aber auf 1 200 000 erhöht hatte. Die Unterstützung galt wohl auch der Sicherung der Loyalität seiner Anhänger.

LITERATUR

Textausgaben

Theodor Mommsen: *Res Gestae Divi Augusti,* ex Monumentis Ancyrano et Apolloniensi in usum scholarum edidit Th. Mommsen, Berlin 1883

Carl Willing: *Die Thaten des Kaisers Augustus von ihm selbst erzählt (Monumentum Ancyranum)*, übersetzt und erklärt von Carl Willing, Halle an der Saale 1895

Hermann Diehl: *Res Gestae Divi Augusti, Das Monumentum Ancyranum*, hrsg. und erklärt von E. Diehl, Berlin 1925

Hans Volkmann: *Res gestae divi Augusti. Das Monumentum Ancyranum* (= Kleine Texte für Vorlesungen und Übungen, 29/30), hrsg. von Hans Volkmann, Berlin 1957

Richard Wirtz: *Monumentum Ancyranum, Der Tatenbericht des Augustus*, Text mit Kommentar, Münster 1958

Marion Giebel: *Augustus, Res gestae. Tatenbericht (Monumentum Ancyranum)*, übersetzt, kommentiert und hrsg. von Marion Giebel, Stuttgart 1975

Ekkehard Weber: *Augustus – Meine Taten. Res gestae divi Augusti*, hrsg. von Ekkehard Weber, Düsseldorf/Zürich 1989

John Scheid: Res *Gestae Divi Augusti, Hauts faits du divin Auguste*, texte établi et traduit par John Scheid, Paris 2007

Alison E. Cooley: *Res Gestae Divi Augusti*, Text, Translation and Commentary, by Alison E. Cooley, Cambridge 2009

Lenelotte Möller: *Augustus. Meine Taten, Res Gestae divi Augusti*, neu übersetzt, hrsg. und erläutert von Lenelotte Möller, Wiesbaden 2014

Weiterführende Literatur

André, Jean-Marie: *Le siècle d'Auguste*, Paris 1974

Barcelo, Pedro: *Kleine römische Geschichte*, Darmstadt 2012

Binder, G. (Hrsg.): *Saeculum Augustum I, Herrschaft und Gesellschaft*, Darmstadt 1987

Bleicken, Jochen: *Augustus. Eine Biographie,* Berlin 1998

Bleicken, Jochen: *Verfassungs- und Sozialgeschichte des Römischen Kaiserreiches*, 2 Bde, Paderborn 1978

Christ, Karl: *Geschichte der Römischen Kaiserzeit von Augustus bis Konstantin*, München 2001

Christ, Karl: *Römische Geschichte, Einführung. Quellenkunde. Bibliographie*, Darmstadt 1973

Cosme, Pierre: *Auguste*, Paris 2005

Eck, Werner: *Augustus und seine Zeit*, München 2009

Gardthausen, Viktor Emil: *Augustus und seine Zeit*, Leipzig 1896

Gesche, Helga: *Rom – Welteroberer und Weltorganisator*, München 1981

Giebel, Marion: *Augustus mit Selbstzeugnissen und Bilddokumenten*, Reinbek bei Hamburg 1984

Heuss, Alfred: *Römische Geschichte*, Braunschweig 1964

Hofter, Mathias René (Hrsg.): *Kaiser Augustus und die verlorene Republik. Eine Ausstellung zur Ausstellung im Martin Gropius Bau in Berlin vom 7. Juni – 14. August 1988*, Mainz 1998

Kienast, Dietmar: *Augustus. Prinzeps und Monarch*, Darmstadt 2009

Loewenstein, Karl: *Die konstitutionelle Monokratie des Augustus*, in: *Zeitschrift für Politik*, Jahrgang 8, Heft 3 (1961)

Schmitthenner, Walter (Hrsg.): *Augustus*, (Wege der Forschung, Bd. 128), Darmstadt 1969

Southern, Pat: *Augustus*, London 1998

Syme, Ronald: *The Roman Revolution*, Oxford 1939 (dt.: *Die römische Revolution. Machtkämpfe im antiken Rom*, München 1962)

Wells, Colin: *Das Römische Reich*, München 1985

Yavetz, Zvi: *Kaiser Augustus. Eine Biographie*, Reinbek bei Hamburg 2010

Zanker, Paul: *Augustus und die Macht der Bilder*, München 1997

Das

IMPERIUM ROMANUM

im ersten Jahrhundert der

Kaiserzeit.